ちくま学芸文庫

増補 海洋国家日本の戦後史

アジア変貌の軌跡を読み解く

宮城大蔵

筑摩書房

目次

増補 海洋国家日本の戦後史——アジア変貌の軌跡を読み解く

1960年代の東アジア・東南アジア

文庫版へのまえがき

海に囲まれた日本を形容する言葉は、いくつかある。代表的なものは島国であろう。しかし、島国であることが日本という国を動かしがたく束縛するかといえば、そうともいえない。

明治維新後の日本は、朝鮮半島を安全保障上の枢要と見なして、清国、ロシアとの戦争に打ち勝ってこれを併合すると、やがて朝鮮半島の後背地たる満蒙（満州、内蒙古）を日本にとっての「生命線」と見なし、関東軍主導で傀儡国家・満州国の建国に至る。島国の範疇をはるかに超え、半島から大陸へと膨張して帝国を築いた末に、アメリカと衝突して瓦解した戦前期の日本であった。

島国というと、世界から孤立し、内に閉じた国柄を想起させる。敗戦とともに植民地を失い、本州をはじめとする四つの島に戻った日本人にとって、古来、農業を生業として和を重んじ、四つの島で世界史から隠遁するかの如く暮らしてきたという自己イメージは、納得感の得られるものであったろう。江戸時代の「鎖国」や、戦争の反省に立ち、米ソ冷戦から距離をおこうとした「一国平和主義」など、「島国イメージ」は時代を超えて日本の本質的属性であるかのように語られたものであった。

これに対して島国を「海洋国家」と言い換えてみると、印象は随分と異なる。歴史上のヴェネツィアやイギリスの存在も相まって、海洋国家は海を媒介として活発な対外活動を展開する通商国家を思い起こさせる。

それでは本書が対象とする戦後日本は、いかなる意味で「海洋国家」たりうるのか。戦前の日英同盟、戦後の日米関係を念頭に、日本の米英との連携を「海洋国家同盟」と捉える考え方もある。しかし、戦後国際秩序に対して日本が与えた影響の大きさという観点からすれば、その舞台は圧倒的に「海のアジア」であった。

本書のタイトルを「海洋国家日本」としたのは、何よりも戦後日本が「海のアジア」と緊密に結びついていること、今日のアジアを論じる歴史的文脈としては、日本を内に含む「海のアジア」の戦後史が決定的に重要であること、にもかかわらずそのことが十分には認識されていないと考えたからである。

言い換えれば本書が「海洋国家」を戦後日本に付すことで意図したのは、平和国家、経済大国といった従来の戦後日本の自画像では、「脱植民地化から開発へ」という戦後アジアの巨大な変化と、その中における日本の重要性を視野に収めることが難しいのではないかという問題意識であった。

それでは「海のアジア」の戦後史とは何か。本書でいう「海のアジア」は、まずは地理的な海域アジア、すなわちアジア大陸部の外縁に沿って日本列島から東南アジアへと海によって繋がる島嶼部を中心とした地域である。もちろんそこに政治的、経済的な含意を読み込むことは可能である。

白石隆は『海の帝国』において、「「海のアジア」は外に開かれたアジア、交易のネットワークで結ばれた資本主義的なアジアであり、それが「陸のアジア」、内に向いたアジア、郷紳と農民のアジア、農本主義のアジアに対置される」と説く。そして「海のアジア」と「陸のアジア」の間の断層は、「ある地理的範囲内で、気圧の谷間のように歴史的に動いてきた」という。

中国を例にとってみれば、一九世紀後半以降、イギリスを筆頭とする帝国主義・資本主義勢力が中国に沿岸部から浸透し、やがてそれが中華人民共和国の成立とともに大陸から押し出されるという構図である。その後、一九七〇年代以降の「改革開放」とともに、中国は再び「海のアジア」と融合し始める。

そのような議論の中にあって本書は、「海のアジア」の戦後史を「脱植民地化から開発へ」という歩みであったと位置付ける。「陸のアジア」で朝鮮戦争やベトナム戦争が展開され、米中対立がその背景となったのに対し、「海のアジア」では米中に加え、戦後もなお植民地を保持し、大英帝国の面影を保つイギリス、そして戦後版の「南進」を試みた日本が重要なプレイヤーとなった。

これら諸勢力は、冷戦、革命、脱植民地化、開発と、それぞれの秩序構想を「海のアジア」に投影しようとしたが、それらの思惑が交錯する焦点となったのが、国家規模や地政学的位置などから海域アジアの「要」であったインドネシアであった。アジアにおける戦後史転換の決定的瞬間となったのも、一九六五年のインドネシアにおけるクーデター未遂、九・三〇事件であった。電撃的な米中接近や中国の「改革開放」、イギリスのアジアからの最終的な撤退などを引き起こし、開発と経済成長で彩られたわれわれに馴染みのある現代アジアの姿をもたらしたのは、この「アジアを変えたクーデター」だといっても過言ではない。いかなる意味でそうなのか。その「謎解き」は本論に譲ることにしたい。

以下の原著のプロローグは、一九七五年のサイゴン陥落の場面から始まる。「陸のアジア」の戦後史にクライマックスがあったとすれば、それはベトナム戦争の劇的な結末であろう。ではそれは、アジア現代史の帰趨《きすう》を左右したのか、しなかったのか。九・三〇事件との対比で捉えてみるのも、興味深い問いであろう。

日本は「海のアジア」の戦後史に深く関与する一方で、朝鮮戦争やベトナム戦争など「陸のアジア」では実質的に傍観者であった。「海のアジア」と「陸のアジア」の戦後史、それぞれにおける日本の存在を対比的に考察してみることもまた、日本を内に含んだアジア国際政治史を思い描く上で、意味ある問いだと思われる。

なお、本書の英語版が*Japan's Quest for Stability in Southeast Asia: Navigating the Turning Points in Postwar Asia*として、イギリスのRoutledgeから近日中に刊行される予定である。本書の議論が幅広く共有される機会を得たことを、大変に嬉しく思っている。

プロローグ

「戦後アジアにおいて、日本とは何だったのか」。日本とアジアの現在、そして未来をめぐって盛んに議論がなされるが、われわれはこう問われたとき、どのような答えを持っているだろうか。

日本とアジアをめぐる「歴史」といえば、中国・韓国との歴史認識にまつわる問題がすぐに思い浮かぶかもしれない。だがそれは、第二次世界大戦とそれ以前の歴史についての解釈や認識をめぐる摩擦なのであって、すでに六〇年を超えた戦後の歴史それ自体を説明するものではない。

他方で、戦後アジア国際政治の主要な出来事を思い浮かべてみると、それは朝鮮戦争であり、ベトナム戦争だということになろう。今日でこそ急速に深まる経済的結びつきを背景に、「アジア共同体」すら議論されるまでになったが、戦後長らくアジアとは、何よりも戦乱と混乱の代名詞であった。それをよそに、戦後日本はひたすら自らの経済成長に邁進するばかりであったというある種の後ろ暗さが、「一国平和主義」という言葉の背後にあるのかもしれない。

確かに経済成長に専心する一方で、朝鮮戦争、ベトナム戦争を「対岸の火事」として向こう岸に見やり、一九七〇年代、「日本頭越し」の米中接近を受けて、あたふたと大陸中国との関係回復を急いだ日本の姿はいかにも非力であり、その政治的意味を問うことは、実りのない作業にも思える。所詮、戦後日本には国際政治の上ではさしたる意味はなく、経済によってのみ語られるべき存在なのであろうか。

「戦後アジアにおいて、日本とは何だったのか」。この問いに答えようとすれば、実のところ、「戦後アジアとは何だったのか」ということから考えなければならないだろう。戦後アジアの見取り図を描いてみてはじめて、その中における日本の意味を的確に摑みとることができるはずである。

朝鮮戦争からベトナム戦争へと展開した「アジア冷戦」は、共産主義か否かというイデオロギーを核心とした対立であった。それは米中ソというそれぞれの陣営の中心にとってこそ冷戦であったが、朝鮮半島やインドシナ半島では、苛烈な戦火の中で多くの人命が失われ、事態を解決しようと緊迫した外交戦が繰り広げられた。戦後アジアの歴史が「アジア冷戦」を中心に展開したことは、誰の目にも明らかなことのように見える。

一九七五年四月二九日。運命の時を告げるように、暗闇が、サイゴンの町に帳《とばり》を下ろした。午後六時半までには電力の供給は断たれ、町はあかりを失った。闇は、敗北の屈辱を覆い隠す神の恵みであった。

霧雨にうたれながら、私はホテル・カラベルのテラスに立ち、サイゴン最後の夜を見ていた（中略——引用者）

地上では、東洋の宝石、娼婦の町と呼ばれたサイゴンが、暗闇の中で静まり返り、征服者の到着を待っていた。地平線の彼方で炸裂するロケット弾の閃光と、タンソンニュット空軍基地の弾薬庫が爆発、炎上するオレンジがかった白熱光が、背の高いビルの姿を浮き上がらせた（ナヤン・チャンダ『ブラザー・エネミー』23頁）。

一夜が明けた四月三〇日、共産勢力側の突入によってサイゴンが陥落するとともに、ベトナム共和国、いわゆる南ベトナムは地上から消滅した。長きに及んだベトナム戦争が、ついに終焉した瞬間であった。「ベトナム戦争とともに成長した私には、この戦争が終わったということは信じ難かった」（同右、26頁）。

それは同時代の多くの人々の実感ではなかったか。第二次世界大戦終結後、フランス、そしてアメリカと一方の当事者を変えつつも戦火が途絶えることなく、アジア情勢の中心でありつづけたインドシナ紛争・ベトナム戦争の最終局面は、南ベトナムの急速かつ一方的崩壊という予想を裏切る展開で幕を閉じることになったのである。

サイゴン陥落にともなうベトナム戦争の終結こそは、アジア冷戦のいわばクライマックスだったはずである。そこで視角を転じてみるならば、このクライマックスは果たして、今日に至るその後のアジアに、どのような衝撃と影響をもたらしたのであろうか。

アメリカは南ベトナムの崩壊が、単にベトナムやインドシナ半島にとどまらず、アジア全域を巻き込む致命的な事態の「始まり」になると考えればこそ、本国から太平洋を挟んで遠く隔たったこの地に、多くの兵力と膨大な支出を注ぎこみつづけた。ベトナムで共産主義勢力を押しとどめられなければ、ドミノ倒しのように近隣諸国、やがてはアジア全域が共産主義の奔流に呑み込まれるはずであった。

だが現実のものとなってみれば、サイゴン陥落は、アメリカが長らく信じたような新たな事態の「始まり」というよりは、ひとつの時代の「終わり」を意味していたように思える。

ナショナリズム論の現代における古典とも言うべき『想像の共同体』の冒頭を、著者ベネディクト・アンダーソンは、サイゴン陥落から数年を経ずして勃発したベトナムのカンボジア侵攻と、それにつづく中越戦争から書き起こした。

これらの戦争は、それが独立性と革命性について疑う余地のない体制同士のあいだで起こった最初の戦争であり、しかも交戦当事国のいずれもこの流血沙汰をマルクス主義特有の理論的観点から正当化しようという試みをなんら行っていないという点で、世界史的意義をもっている（ベネディクト・アンダーソン『定本　想像の共同体』18頁）。

共産主義の拡散という「ドミノ」の代わりに起きたのは、共産主義国同士、それも力を合わせてサイゴン陥落を勝ち取ったはずの「兄弟」が敵となった戦争（ナヤン・チャンダ『ブラザー・エネミー』）であり、激しいイデオロギー論争を引き起こしたかつての中ソ対立とは異なって、いずれの側も共産主義イデオロギーによって戦争を正当化する試みを放棄しているという点でも、共産主義からはもはや説明のつかない事態であった。その意味で、サイゴン陥落という東側陣営にとっての紛う方なき勝利は、逆説的ではあるが、共産主義イデオロギーがアジアにおいて有効性を保持しえた時代の「終わりの始まり」だったのかもしれない。

このようにサイゴン陥落は、西側にとっては「ドミノ」の始まりが現実のものとはならなかったこと、そして東側についていえば共産主義イデオロギーが説得力を保ちえた時代の終わりを告げるものとなった。

だが、おそらくサイゴン陥落が象徴したより深い意味は、それがアジアにおいて「独立の希求」が他を圧する課題でありえた時代の「終わり」を示唆していたことにあったのではないか。

日本においては「戦前」「戦後」と、一九四五年八月をもって二〇世紀を前後に二分するのが通例であり、そのことにとりたてて違和感もなかろう。だがアジアの多くの国々では、植民地からの独立という二〇世紀を通じて最大の出来事は、日本帝国の敗退による第二次世界大戦の終結を待って大きく動き始めたのであり、その意味で「歴史」は戦後になってから音を立てて動き始めたのであった。

その過程で噴出することになった独立を希求するエネルギーこそが、第二次世界大戦後のアジアの国際政治を根底で方向づけることになった。この巨大なエネルギーと結びついたからこそ、共産主義はアジアにおいて潑剌《はつらつ》とした活力をみなぎらせることになり、それが冷戦を呼び込んだ。だが、あたりまえのことだが、「独立」はそれが未完であればこそ至上の課題となり得るのであり、いつか終わるときが来ることをあらかじめ運命づけられている。

「独立」が達成された後に到来するのは、実質的な国家建設というまた別種の課題であった。サイゴン陥落に至るまでの北ベトナムが、あれほど世界から一種の敬意のまなざしを受け、輝きを放っていたように見えながら、サイゴン陥落によって統一を成し遂げたとたんに、その後の長い低迷と苦境の時代に沈んだことは、「独立完遂」前後の課題が、いかに異なる性質のものであったかを如実に示しているように思われる。

戦後アジアの歩みをひとつの歴史として捉えたとき、果たして何がそれを根底で特徴づけるであろうか。かつて何よりも革命やナショナリズムといった猛々しい政治的マグマが、世界大の冷戦の枠組みを突き破り、熱戦として噴出する場であったアジアは、やがて「東アジアの奇跡」と呼ばれた経済成長を経て、世界で最も経済的活力にあふれた地域へと変貌を遂げた。

かつての政治的エネルギーが横溢したアジアと、今日の経済的活力によって特徴づけられるアジア。半世紀を隔てた二つのアジアの相貌は、あたかもまったく別個の地域のようであり、戦後これほどの変貌を遂げた地域は世界で他にない。この変貌こそが、戦後アジアの歩みを特徴づける基軸なのであり、それを引き起こしたのが、本書がこれから解き明かそうとする「脱植民地化から開発へ」という冷戦とは別の、もうひとつの歴史の潮流なのであった。

これまで戦後アジアの国際政治は、世界大の冷戦の文脈に沿って、米中間の対立を軸とする「アジア冷戦」として把握されることが多かった。そしてその中で日本の意味を問うことは、さして実りのある作業とも思われなかった。

だが、「アジア冷戦」のみをもってしては、「政治から経済へ」「脱植民地化から開発へ」という戦後アジアの変容を根底で特徴づける基軸を説明することはできまい。従来のともすると冷戦一色で覆われがちな戦後アジアの国際政治像に、「脱植民地化から開発へ」という、おそらくはより根源的な意味を持つ歴史軸を交差させて立体的な見取り図を描いた上で、その中に戦後日本を位置づけること、それが本書で試みたいことである。そのときはじめて、「戦後アジアにおいて日本とは何だったのか」という冒頭の問いに対する答えが、説得力をもって浮かび上がってくるはずである。

それはまた、海で繋がれたアジアと世界に活路を求めた戦後日本の模索の軌跡を辿ることでもある。アジア冷戦とは言い換えれば、アメリカとアジア大陸部の中心を占める中国との対立を軸にしつつ、朝鮮、ベトナムというアジアの半島部において熱戦が噴出した歴史であった。これに対して「脱植民地化から開発へ」というもうひとつの歴史の流れは、日本から海域東南アジアに至る「海のアジア」ともいうべき世界で勃興し、やがて中国大陸をも包み込むことでアジアの現在を形作るに至った。その中における日本の意味を問うことは、海を基盤とし、海によって世界と繋がれた「海洋国家」としての日本の歩みを解き明かすことなのでもある。

第二次世界大戦が終結し、アジアの歴史が大きく動き始めた局面から、話をはじめることにしよう。

第１章
「アジア」の誕生
——バンドン会議と日本のジレンマ

バンドン会議で演壇に立つ周恩来・中国首相兼外相。周の左隣りでマイクに向かっているスーツ姿の男性は通訳（1955年4月、写真提供＝共同通信社）。

†「アジア」の誕生

本書が舞台とするのはアジアである。しかし実のところ、第二次世界大戦以前には「アジア」は存在しなかった。ただし、それはこと国際政治という意味においては、である。

もちろんアジアは古来、人類の文明と歴史の主たる舞台でありつづけてきた。しかし、近代的な意味での国際政治とは本来、主権国家によって形作られる世界のことを指す（そのような国際政治の捉え方自体、批判と変容の中にあるにせよ）。

そうであれば、往時において日本などごく一部を除き、ほぼ一面が列強の植民地か、その勢力圏で覆われていたアジアは、国際政治の「舞台」ではあっても、その主体、あるいは担い手ではあり得なかった。戦前において「国際政治」とは、その名とは裏腹に、一部列強諸国の占有物にすぎなかったのである。

それでは国際政治の場において、「アジア」が誕生したのはいつなのか。第二次世界大戦の開戦とともに日本帝国が「南進」することによって、アジアにおける西欧の植民地支配は突き崩された。それから時をおかずして、今度は日本帝国も敗退と崩壊を迎えたことは、日本にとってはひとつの時代の終わりであったが、アジアにとっては新たな激動の始まりを意味した。西欧の植民地主義と日本帝国の軍事的支配という二つの支配がともに崩壊することによって、長らく域外勢力の支配下にあったアジアに独立の時代が到来したのであった。

だがそれは、平坦な道程とはならなかった。北東アジアでは、この地域を広く覆っていた日本帝国の勢力は敗戦によって即座に消滅したものの、国家建設の前途をめぐる争いがイデオロギー対立と結びつき、中国・朝鮮はともに内戦を経た末に分断国家となった。他方東南アジアでは、戦勝国となった西欧諸国が植民地再興を期して戻ってきたことで、「脱植民地化」に向けた長いプロセスが始まることになる。

このようにイデオロギー対立を孕《はら》む内戦や独立戦争など、多くの苦難を伴うことにはなったが、それでもアジアの地に主権国家が次々と誕生していった。続々と誕生するアジアの主権国家、それこそが、国際政治における「アジアの誕生」であった。だがそれは、従来の「国際政治」に対して、何らかの影響を及ぼすものだったのであろうか。所詮それらは、弱小な新興国家群にすぎないとも見えた。

アジア、そしてアフリカが、国際政治の世界において少なからぬ意味を持つ新たな主体として登場したこと、それを世に知らしめることになったのが、一九五五年、インドネシアのバンドンにアジア・アフリカの新興独立国が一堂に会したアジア・アフリカ会議、世に言うバンドン会議であった。

「新しいアジア・アフリカよ、生まれ出でよ!」。開催地・インドネシアのスカルノ大統領がそう宣言して幕を上げたバンドン会議には、アジア・アフリカから二九の新興独立国が参集し、植民地支配への反対や相互の連帯を高らかに宣言した。それは欧米諸国にとっては、自分たちが参画しない初めての「国際会議」であり、「国際政治」が一部列強の専有物であった時代が終わったことを告げる出来事として、世界史的意味を持つものとなった。「アジアの誕生」の象徴、それがバンドン会議だったのである。

この「アジアの誕生」は日本にとって、連合国の占領からサンフランシスコ講和によって独立を回復したとき、日本が向き合うことになったアジアが、かつて馴染んだアジアとはまったく異なる姿に変貌していたことを意味した。バンドン会議は日本にとって、戦後はじめて参加する国際会議となったが、そこで日本は、新たに誕生したアジアとはじめて対面することになったのである。

詳しくは第二章で触れるが、サンフランシスコ講和に参加したアジア諸国は一部にすぎず、多くの国との関係回復は、未解決のままであった。国際社会へ復帰の第一歩を踏み出した戦後日本は、バンドン会議とそこに集約された新しいアジアに対して、どう向き合ったのであろうか。

「日本はアジアの独立国として、アジアの命運を相共に切り拓いていく気でいるのか、それとも西欧の手先として目前の利益を追う気でいるのか」、それはバンドン会議における日本の振る舞いによって明らかになるであろう（外務省外交記録）。会議を前にアジアから日本に向けられた視線を、ある日本外交官はこのように観察した。

バンドン会議で中心を占めたのは、奔騰する「独立への希求」であり、当時なお世界に広がっていた植民地主義に対する憤りであった。日本はアジアの一員としてそれに同調すべきなのか、あるいは勃興するアジアのナショナリズムにいよいよ警戒を強めていた欧米諸国と歩調を合わせることを優先すべきなのか。日本にとってバンドン会議は、「欧米か、アジアか」という明治以来悩まされてきた難題を鋭く突きつけられかねない場であった。また戦後世界を覆った冷戦の影はこの会議にも及び、ことあるごとに日本の立場を拘束した。

誕生したばかりの「アジア」の内実はいかなるものであったか。その中で日本は、どのように自らの立つべき位置を見定め、選択していったのか。バンドン会議に凝縮された、戦後日本がアジアと向き合った原点を探っていこう。

†バンドン会議への招請状

一九五四年も暮れようとする一二月末、サンフランシスコ講和によって主権を回復してから二年あまりの日本に、バンドン会議への招請の知らせが届いた。だがその時日本は、吉田時代の終焉という大きな転換点にさしかかっていた。

占領期には、マッカーサー連合国最高司令官と特別な関係を築くことで圧倒的な力を誇った吉田茂首相であったが、占領の終結、そして公職追放されていた戦前からの有力者である鳩山一郎や重光葵《まもる》、岸信介《のぶすけ》らが政治の表舞台に復帰するにつれ、その地位は急速に揺らぎはじめていた。勢いを増す反吉田勢力は日本民主党を結成し、一二月七日、日本社会党の協力を得て、ついに吉田を退陣に追い込んだ。長きに及んだ吉田時代の終わりであった。

新たに首相に就いたのは鳩山一郎である。そもそも鳩山は自由党総裁として一九四六年、首相就任を目前にしながら公職追放にあい、吉田を後継に指名した経緯があった。鳩山復帰の暁には総理・総裁の座を委譲するとの約束があったともいわれるが、それが実現することはなかった。このような経緯もあって両者の対立は熾烈なものとなったが、それに加えて鳩山ら反吉田勢力には、吉田の「対米協調」の行き過ぎが、日本の姿を大きく「歪めた」という批判があった。

念願の首相に就任した鳩山は、政権が取り組むべき課題として、再軍備や憲法改正、さらに外交面では「対米自主」を掲げ、中国・ソ連との関係回復を打ち出した。いずれも吉田時代の対米従属の「歪み」を正すという意図が濃厚であった。

明るく庶民性もある鳩山は、吉田の威圧的な政治スタイルに辟易した国民のあいだに「鳩山ブーム」を呼び起こしたが、それは鳩山の人柄や公職追放などへの同情に加え、当時の日本に鬱積していた反米ナショナリズムを追い風としたものであった。

講和を経て主権を回復した日本であったが、全国に広がる米軍基地から続発する事件・

事故、さらに広島、長崎につづく第三の被曝と言われた第五福竜丸事件（一九五四年三月、ビキニ環礁でのアメリカの水爆実験でマグロ漁船・第五福竜丸が被曝、後に無線長が死亡）などは、あたかも占領が依然としてつづいているかのようであった。鳩山の掲げた「対米自主」は、アメリカの圧倒的な存在感から脱したいという国民的「気分」を確かに反映していたのである。

そしてまた日本を取り巻く国際情勢にも、吉田時代の終焉と呼応するような変化が生じ始めていた。それまで日本の前に広がっていたのは、朝鮮戦争を機にアジアを鋭く分断した冷戦の高い壁であった。戦前には密接な繋がりのあった中国大陸とも遮断され、戦後日本は、いわばそれまでの世界の「半分」を失った形で歩み始めざるを得なかったのである。

ところが一九五三年のスターリン死去を契機に、変化の兆しが現れはじめる。ソ連・中国がそれまでの強硬姿勢から、「平和攻勢」ともいわれた柔軟姿勢へと転じ、日本に対しても平和共存や相互貿易を呼びかけるようになった。とりわけ中国は、アメリカの封じ込め政策にもかかわらず、インドシナ和平などを協議するジュネーブ会議（一九五四年）で主要な役割を果たし、国際社会への鮮やかな登場を印象づけていた。冷戦によるアジアの分断は、もはや必ずしも絶対的ではないかに見える状況が生じつつあったのである。

アジア冷戦の端緒となった朝鮮戦争は、日本国内ではアメリカ軍による特需をもたらし、日本経済復興のきっかけとなったが、一九五三年には休戦が実現した。国際収支の悪化に伴う緊縮財政もあって、日本経済は五四年に入ると不況に陥った。戦後復興もこれまでといった悲観論も広がる中、日本国内では中国大陸との関係再開を望む声がますます強くなっていた。

アメリカは、このようなアジアにおける冷戦状況の緩みと、日本国内で高まる反米感情、そして対中貿易再開の欲求が結びついたとき、日本は徐々にアメリカの下を離れ、中ソの側に接近していくのではないか、あるいはそこまで行かなくても、ネルー首相率いるインドのような中立主義の道を歩むのではないかという「日本中立化」の不安にさいなまれるようになる。「対米自主」を掲げる鳩山政権の登場は、まさにその不安を裏書きするかのようであった。

このとき成立した第一次鳩山内閣は、吉田退陣後の選挙管理内閣という性格が強く、三カ月以内に総選挙を実施することを条件に、社会党の支持を得て成立したものであった。鳩山政権は、来たる総選挙で勝利を収め、本格的な政権を発足させるためにも、独自色を強く打ち出す必要に迫られていた。バンドン会議への招請状が届いたのは、まさにそのような時だったのである。

冷戦の分断線を越えてアジアが集結しようというバンドン会議への参加は、鳩山が掲げる「対米自主」を実践する絶好の機会とも見えた。だがその一方で、対米関係が戦後日本にとって死活的な重みを有していたことは否定のしようもなく、そのアメリカは「日本中立化」やアジアのナショナリズム勃興に警戒感を強めていた。これらを前に、日本は果たしていかなる選択をすることになったのであろうか。

その前に、バンドン会議が当時のアジアのいかなる政治状況から生まれてきたのか、そしてそこになぜ日本が招かれることになったのかを見ておかねばなるまい。

†アジア中立主義の模索

バンドン会議を構想し、実現にこぎ着けたのは、インド、インドネシア、ビルマ（現在のミャンマー）、パキスタン、セイロン（現在のスリランカ）からなる「コロンボ・グループ」と呼ばれた諸国である。コロンボ・グループは、アジア中立主義の担い手として一九五〇年代に存在感を持ったが、その根幹にあったのは、アジアに冷戦を持ち込ませないという意志であった。

一九五三年のスターリン死去に伴うソ連指導部の交代を契機に、世界大の東西冷戦は緊張緩和へと向かい、アジアでも朝鮮戦争、インドシナ紛争の収束が図られた。だが大国間の緊張緩和が進む一方で、冷戦はアジア全域に広がりかねない様相を見せ始めていた。

一九五三年に発足した米アイゼンハワー政権は、米ソ冷戦が軍事対決よりも政治経済面での競争に移行しつつあると捉え、これを勝ち抜く上で重要なのは、アメリカの経済・財政を健全に保つことだと考えた。そこで打ち出したのが、アメリカ自身は相対的に安価な核兵器に注力するとともに同盟網を拡充し、通常兵力の負担をそれら同盟国に求めるという新政策=「ニュー・ルック」であった。そしてこの方針を具体化すべく、フィリピン、タイ、オーストラリア、英仏などが加入するSEATO(東南アジア条約機構)、イラン、トルコ、パキスタンなどが加入するMETO(中東条約機構)などアメリカ主導の軍事機構が次々と創設された。

このうちSEATOは南からの中国包囲網という性格を持っていたが、そこに台湾の加入も検討されていたことが、とりわけ中国を強く刺激した。一九五四年九月、中国はSEATO結成の最終段階にあわせるように、蔣介石政権が支配する福建省沿岸の金門島に向けて砲撃を開始した。第一次台湾海峡危機の勃発である。

アイゼンハワー政権が、台湾を見捨てることはできず、かといって中国との全面戦争にも踏み込めないというジレンマに陥る中、米軍部は中国に対する核兵器の使用を提起した。結果的に核の使用は退けられたものの、米中対決は、米ソ冷戦がある種の落ち着きを見せつつあったのとは対照的に、一触即発の様相を色濃くしていく。

それはアジアの新興独立国から見れば、独立したばかりで脆弱な自らの足元に冷戦の荒波が押し寄せてきたことを意味した。本来自らに関係のない東西冷戦に巻き込まれたくないという痛切な願いが、アジア中立主義となったのである。その中心的存在であったインドのネルー首相は、朝鮮戦争やインドシナ紛争で種々の和平提案を行ったが、いずれもアメリカに受け入れられることはなかった。そこでネルーは、立場を同じくする国々とセイロンの首都コロンボに集まり、インドシナ休戦や中国の国連加盟など、アメリカの冷戦政策を批判する色彩の強い決議を採択した。ここで声を発した国々が、コロンボ・グループと呼ばれることになったのである。

そしてまた、のちにバンドン会議として知られることになるアジア・アフリカ会議も、このときのコロンボ会議に端を発する。最初に発議したのはインドネシアのアリ・サストロアミジョヨ首相である。アジア・アフリカの新興諸国が一堂に会するというインドネシアの提案は、この国を取り巻く切迫した情勢を背景にしていた。

インドネシアは一九四五年八月の日本降伏とともに独立を宣言したが、植民地支配の再建を期して帰来した旧宗主国オランダと、その後四年にわたる激しい独立戦争を戦った末に、ようやく独立を確かなものとした。だがニューギニア島西部の西イリアンがオランダ統治下に残っており、「反植民地闘争」は依然、継続していた。

そこに創設されたSEATOは、インドネシアから見れば、自国に近接して巨大な反共軍事同盟が出現したことを意味し、とりわけ英仏という植民地支配国が加わっていたことに深刻な危機感を抱いた。インドネシア政府内部では、SEATOに対抗してインドネシア、インド、ビルマ、中国による不可侵条約の締結が議論されたほどである。

押し寄せる冷戦や植民地主義の脅威から逃れようと欲しても、新興独立国はあまりに脆弱であった。だが一国では非力なアジア・アフリカの新興独立国も、結集して声をあげればひとつの力となりうる。それがアジア・アフリカ会議の根底にある発想であった。

しかしこのインドネシアの提案に対し、他の首脳は懐疑的であった。そのような会議が前代未聞ということもあったが、実現したとしても会議における合意形成は困難だ、そもそもどの国を招くかも難しいではないか、などの消極論がつづいた。それでもサストロアミジョヨはあきらめず、最後はネルーの主導で、インドネシアの提案を「道義的に支持する」こととして、ようやく収拾が図られた。しかし当時、政治的・経済的に不安定だと見られたインドネシアがそのような大規模な国際会議を開催できるのか、懐疑的な空気が濃厚であった。

サストロアミジョヨはその後、会議実現の鍵はコロンボ・グループの中心的存在であるネルーにあると見て、説得のためニューデリーに飛んだ。ネルーの消極姿勢の背後には、パキスタンとの対立があった。膨大な犠牲者を伴う宗教騒乱を経て英領インドから分離独立したインドとパキスタンは、カシミール領有などをめぐって戦火を交わすなど、近親憎悪にも似た激しい対立を続けていた。ネルーは、仮にアジア・アフリカ会議が実現したとしても、数の上ではイスラム教国が優勢となり、その支持を背景にパキスタンがネルーの主導権を妨げることを懸念していた（実際、それは杞憂では終わらなかった）。

それでも最終的に、ネルーはアジア・アフリカ会議の開催に同意した。この会議の構想にインド国内から予想以上に好意的反応が出たことや、ともに中立主義路線を歩むサストロアミジョヨ政権を支援する狙いがあったと指摘されている。ともあれネルーが開催支持の立場に転じたことは大きかった。つづいてビルマ、セイロンなども賛意を示し、インドネシア政府の試みは形を結びはじめる。

†「平和五原則」の虚実

バンドン会議の実現に向けた最大の推進力は、このような開催国インドネシアの熱意であった。

しかし一口に「アジア・アフリカ」と言っても、政治体制を異にする国も少なくなかった。その筆頭が、アジア大陸の枢要を占める中華人民共和国である。バンドン会議が体制の相違を超え、「アジア・アフリカ」として結集する上で不可欠だったのが、ネルーが中国の首相兼外相・周恩来とともに高々と掲げた「平和五原則」である。

領土主権の尊重、相互不可侵、相互内政不干渉、平等互恵、平和共存の五つからなる「平和五原則」は、東西冷戦が深刻化する中にあって、体制が異なる国同士が平和裏に共存し得る道筋を示したものとして声望を集めた。中国政府は今日でも、中国外交の根幹を成す方針として、この五原則にしばしば言及している。

「平和五原則」とは、そもそも一九五四年四月に中国とインドの間で妥結したチベットをめぐる協定の前文に盛り込まれたもので、その後、周恩来がインド、ビルマなどを訪れた際に共同声明に盛り込まれ、一躍注目を浴びることになった。だが「五原則」は、決して抽象的な理想論を羅列したものではなく、当時の生々しい国際政治力学の中から生まれ出たものであった。

一九四九年に成立した新中国は、政治的エネルギーに溢れていた。「私たちが「真」の二字《ママ》を必ず付け加えなければならないのは、アジアには偽の独立国があるからです」「傀儡の首領は帝国主義の大本営にお伺いをたてる」とは、「宋《そう》家の三姉妹」として知られる宋慶齢《けいれい》の発言である（一九四九年十二月。宋慶齢は当時、中国中央人民政府副主席。ちなみに三姉妹の長女・宋靄齢《あいれい》は国民党南京政府財政部長・孔祥熙《こうしょうき》夫人、次女・宋慶齢は孫文夫人で、三女の宋美齢《びれい》は蒋介石夫人。「三姉妹」は中国革命の行方をめぐって袂を分かつことになった）。

成立間もない新中国のアジア新興独立国に対する姿勢は、このような階級闘争色の強いもので、中国はベトナムをはじめフィリピン、マラヤ（今日のマレーシア）、ビルマなどで活発化していた共産主義勢力による武力闘争を、積極的に支援する方針をとっていた。ネルー率いるインドに対しても、所詮は帝国主義の手先だというのが毛沢東の認識であった。

これに対してネルーは、中国における共産党の勝利を基本的には農民革命の成就だと捉え、当初から共存を探る姿勢であった。インドは新中国を成立から二カ月後には承認し、その後も朝鮮戦争で休戦調停を試み、中国の国連加盟を支持するなど、中国に好意的な姿勢をとりつづけた。

このような中印間の食い違いに転機が訪れたのは一九五四年である。ソ連とともに「平和共存」に転じた中国は、ジュネーブ会議に際して、全土解放間近と見る北ベトナムに圧力をかけて抑え込み、ベトナムの南北分断を当面固定化する形でインドシナ休戦にこぎつけた。またチベットをめぐる中印間の緊張関係についても五四年四月に協議が妥結し、中印間で「平和五原則」を掲げた協定が結ばれた。中国の柔軟姿勢への転換の背後に何があったのであろうか。

先述のように建国後の中国は、アジア各地の武力革命を積極的に支援する方針をとっていたが、この頃までにはベトナムなど一部を除いて完全な失敗に終わっていた。そして何よりも、自らの国家建設に専念することが中国指導部にとって喫緊の課題となっていた。

建国直後に余儀なくされた朝鮮戦争への介入によって、中国は戦死した毛沢東の長男をはじめ数十万人にのぼる死傷者を出し、一九五〇年、五一年には国家予算の過半近くを軍事費に割くなど、経済建設どころではない状態が続いた。疲弊しきった経済の再建に専念するために、平和な国際環境の獲得が急務となっていたのである。

「平和五原則」が具体的に意味したのは、中国がそれまで力を入れていたアジア各地に対する革命支援政策を放棄すると公式に宣言したということであった。一見当たり前の字句にも見える「内政不干渉」や「領土主権の尊重」とは、革命支援政策の放棄にほかならない。そしてこれこそインドやビルマにとって、共産中国と「平和共存」する上で欠かせぬ大前提であった。

この中国の転換を受けてネルーは、中国を国際社会により深く参画させることが必要だと考えた。アメリカによる封じ込めによって孤立していることが、中国指導部が過激なイデオロギーに走る一因だとネルーは考えたのである。そのことを通じて中国の「平和共存」路線を確実なものにし、逆戻りさせないことが、隣国たるインドにとってきわめて重要であった。バンドン会議への中国参加は、そのためのまたとない好機であった。

また同時に、中印の友好関係を「平和共存」のモデルとして高らかに世界に宣言することで、北方の巨人・中国がインドに対して、かつてのような敵対的な姿勢をとりにくい環境をつくり出すことが意図された。そこには「友好による封じ込め」とも言うべき狙いも込められていたのであった。

こうして中印それぞれの思惑によって生まれた「平和五原則」であったが、その下で中国とインドという戦後アジアに成立した二つの巨大国家が、体制の相違を超えて友好関係を構築したことは、バンドン会議が後に見るような形で成立する上で、不可欠の前提となったのである。

†日本はなぜ招かれたのか

一九五四年一二月、コロンボ・グループ首脳が、ジャカルタ南方のボゴールに集まった。共同主催することになったアジア・アフリカ会議の具体化に向けて話し合うためである。席上、来たる会議の目的をアジア・アフリカ諸国間の協力促進、植民地主義についての討議などとすることが、まず決まった。また会議への参加は、会議の目的に賛同することを意味するだけであり、他の参加国との関係に何ら影響を及ぼすものではないとの原則が打ち出された。

冷戦の影が濃くなりつつあったアジアから各国が集まることになれば、後述する日本と中国のように、外交関係を持たない国々が同席することになる。これを躊躇して出席を決めかねる国が出ることが予想されたためである。政治体制を異にし、互いに未承認であっても同席して理解を深め合おうというのが、アジア・アフリカ会議の主旨であった。

このような原則が打ち出されたにもかかわらず、会議の姿を具体的に描こうとしたとたんに、話し合いはコロンボ・グループ各国の思惑が絡んで紛糾することになる。なかでも問題は、どの国を招くかということであった。どの国を招くかによって、会議の意味と性格はまったく異なるものになることが当然に予想されたのである。

インドネシアが事前に参加を打診していたエジプト、イラン、イラクなど一四カ国に関しては、招請することがすんなりと決まった。次にイスラエルはアラブ諸国の反発を懸念して除外、南北朝鮮とモンゴルについては、「状況が混迷している」ことを理由に、やはり招請しないことが決まった。ソ連、チベットを招く案も出されたが、「問題を少なくする」という観点から除外することになった。

オーストラリア、ニュージーランドは非公式に参加を打診しており、中印に対抗する上で両国との協力に関心を持つパキスタンは乗り気であった。だが大陸が異なるという理由からネルーが難色を示し、結局、公式には参加を申し出ていないという理由で除外されることに決まった。

議論が最も紛糾したのは、中国を招くことの是非である。コロンボ・グループ五カ国のうち、中国招請に賛成したのはインド、インドネシア、ビルマ、反対に回ったのはパキスタン、セイロンであり、中立主義の前者と自由主義陣営寄りの後者とで、立場が鮮明に分かれた。このような路線対立に加え、カシミール帰属問題などで激しく対立するインドとパキスタンは、ここでも火花を散らし、議論は膠着状態に陥ってしまった。

これに決着をつけたのはビルマのウ・ヌー首相であった。中国が招かれないならビルマは共同主催国の立場を辞し、会議そのものにも参加しないと述べたのである。これにはさすがにパキスタンも折れ、中国の招請が決まった。ウ・ヌーはビルマに来訪した周恩来と「平和五原則」を確認しており、中国を後押しする姿勢は一貫していた。

そして日本が招かれることになったのも、この中国招請問題と密接に絡んでいた。インドが持参した招請国リストに日本の名前はなかった。これに対してパキスタンが日本招請を強硬に主張したが、ネルーは「日本とは種々懸案をもつ国もある」として難色を示した。次章で詳述するように、東南アジア諸国の多くはサンフランシスコ講和に参加しておらず、戦後処理は二国間交渉に委ねられていた。この時点で日本は、ビルマとは賠償協定と平和条約の調印を済ませていたが、インドネシアやフィリピンとは戦争賠償をめぐる交渉が難航したままであった。

これに対してパキスタンのアリ首相は、中国を引き合いに出して反論する。「懸案を言うなら中共はどうなのか」。この段階で中国招請をめぐる論争は、まだ決着していなかった。結局ネルーは、日本招請反対にこだわりすぎることで、彼にとって最大の眼目である中国までもが招かれない結果になることを恐れ、日本招請への反対を取り下げた。日本招請が決まった瞬間であった。この間、戦争中の被害も含めて日本と関わりが深かったインドネシアやビルマは、沈黙したままであった（もっとも、印パ間の激しい応酬には、英語力で不利なインドネシアやビルマは入り込むのが難しかったと、インドネシア側関係者は述懐している）。

日本招請を主導したパキスタンの意図は、どこにあったのか。このときパキスタンは、アジア・アフリカ会議が「平和五原則」を掲げるインド・中国によって主導されるのを防ごうと必死であった。インドとパキスタンは、そもそも英植民地から単一国家として独立するはずだった双生児のような関係にある。それが犠牲者一〇〇万人ともいわれるヒンドウー、イスラム間の宗教騒乱のうちに分離独立に至った。

国土がインドをはさんで東西に分離し(現在のバングラデシュは、一九七一年に第三次印パ戦争によって独立するまで、パキスタンの一部であった)、当初は存続すら危ぶまれたパキスタンにとって、圧倒的に巨大な隣国インドは、下手をすれば呑みこまれかねない大きな脅威と映っていた。「インド外務省の政策はパキスタンを崩壊させることにあるのは疑いない」(パキスタン外務省幹部)と考えるパキスタンとしては、中印が結んでアジアにおける主導権を強めることを、あらゆる手段を使ってでも阻止しなければならなかった。

そのための重要な手だての一つが、日本招請だったのである。パキスタンは、インドが中国招請を主張するのであれば、アジアにおける「反共最大の大物」である日本の招請を主張して「会議が一方的な方向にリードされるのを阻む」(駐日パキスタン大使)戦略であった。パキスタンは日本だけではなく、トルコなど他の自由主義諸国に対しても、アジア・アフリカ会議に参加するよう説得を行っていた。

日本招請をはじめとするパキスタンの一連の行動は、確かに中立主義・共産主義の攻勢を食い止めるという自由主義陣営の立場から生じたものであったと見える。またパキスタンはSEATO、METOの双方に加盟したことで、アジアで唯一、アメリカ主導の複数の反共軍事同盟網に加入する国となっていた。

だが、それらは実際には、巨大なインドに対抗するためにアメリカの後ろ盾を得たいというパキスタンの願望から発した行動であった。一見、冷戦で彩られているように見える動きは、アメリカの関心を引くための装いという性格が濃厚であった。

いずれにせよパキスタンが日本を招いた意図は、狙いすましたきわめて政治的なものであった。バンドン会議招請の知らせに、鳩山政権発足直後で「対米自主」の機運が盛り上がる日本世論は、「アジア復帰の絶好の機会」と大いに沸いた。「アジア復帰の絶好の機会」と「反共最大の大物」――この二つの相反しかねない目的と役割の間で、「対米自主」を掲げた鳩山政権はどのような選択をすることになったのか。その前に、日本の態度決定に大きく影響したアメリカの対応を見ておこう。

†アジア・ナショナリズムに苦慮するアメリカ

ボゴールでの討議が終わると、アジア・アフリカ会議をインドネシアのバンドンで開催すること、併せて会議の趣旨と招請国が発表された（これ以降、「バンドン会議」というより一般的な呼称を用いることにする）。

これに対するアメリカの反応は、アメリカはアジアの一員ではないし、バンドン会議に招待されてもいないので、直接には関係ないというものであった。だがこの表向きの態度とは裏腹に、アイゼンハワー政権は憂慮を深めていた。バンドン会議が、アジアの底流に横たわる反欧米感情に火をつけ、共産主義国か否かを問わず、「アジア」としての連帯感を強める恐れがあること、その結果としてアジア諸国と欧米との亀裂が深まり、結局は中ソの側を利することになると懸念されたのである。

アメリカは、アジアには植民地支配に起因する西洋に対する根深い反感があり、いったんこの感情に火がつけば、アジアが反西洋でまとまるのは容易だと見ていた。「冷戦の闘士」として知られたダレス国務長官は、「たしかに西洋は歴史上、アジアに対して侵略や人種差別などのひどいことをしたかもしれないが、一方では、生活水準の向上や技術的・物質的進歩をもたらしたはずだ」とこぼし、バンドン会議で西洋がアジアにもたらした否定的な側面が強調されれば、会議は中立主義、そして「アジア人のためのアジア」という欧米を排除する方向へ容易に傾くだろうと憂えた。

アメリカが封じ込めの対象としている中国が招かれていることも、懸念材料であった。アメリカの友好国がバンドン会議に参加すれば、中国からの「平和攻勢」に直接さらされることになる。ジュネーブ会議で巧みな外交手腕を発揮した周恩来が出席するであろうことは、アメリカの不安を一層かきたてるものであった。

しかし、だからといってアジアの友好国に欠席するよう促せば、これらの国々がアメリカの「操り人形」だというレッテルを貼られかねないし、主催者であるコロンボ・グループとの関係悪化も必至である。結局どちらも避けたいアメリカにできるのは、バンドン会議がコロンボ・グループの内部対立などで頓挫することに期待をかけつつ、静観することだけであった。

その一方でアメリカは、バンドン会議開催やむなしという時には、自由主義諸国からもネルーや周恩来に対抗しうるような強力な指導者が出席し、会議が中立主義・共産主義の側へ傾くのを食い止める必要があると考えた。しかしまずは事態の見極めである。アメリカは日本を含めたアジアの友好国に対して、バンドン会議に向けた態度決定を当面留保するよう求めた。

だがダレスの期待に反して、会議は着々と具体化した。一九五五年一月下旬、バンドン会議の開催はもはや避けがたいと判断したアメリカ政府は、友好国に会議への参加を求める方針に転じ、以下の方針を各国に伝えた。①参加の際には「最良の代表」を送るべきである、②共産側がバンドン会議を利用しようとしていることに十分な注意を払うべきである、③会議で非共産主義諸国が効果的に結束すれば、共産側の意図をくじくことができるであろう。このアメリカの転換を受ける形で、日本政府もバンドン会議参加の方針を固めることになる。

†大東亜会議とバンドン会議のあいだ――重光葵

バンドン会議は「アジア復帰の絶好の好機」なのか、それとも日本は「反共最大の大物」として臨むべきなのか、鳩山政権内では二つの立場が浮上しつつあった。鳩山首相とその周辺が、会議への参加を「アジア復帰」の好機にしたいと考えたのに対し、バンドンで「反共最大の大物」としての役割を演じ、パキスタン、そして何よりアメリカの期待に忠実であろうとしたのが重光葵外相であった。

鳩山と重光の違いは、日本外交の基本方針をめぐるものであった。すなわち鳩山が「対米自主」を掲げて、中ソとの国交回復に強い意欲を再三示していたのに対し、重光は日本外交の基調はあくまで米英との協調にあり、第二にアジア諸国、共産諸国との関係改善は第三段階だとして、鳩山の発言の火消しに奔走していた。

鳩山の言動を「素人外交」と見て危機感を募らせる重光は、最優先すべきだと考える「対米協調」を、バンドン会議に際しても貫こうとした。それも日本自身が反共の立場から積極的に臨むべきだと考えただけでなく、外務省に対し、日本が主導してバンドン会議に台湾の国民政府、韓国を含む「すべてのアジア諸国」を招くよう検討を指示した。「すべてのアジア諸国」の名の下に国民政府や韓国を引き入れることによって会議で反共勢力を強化し、併せて不協和音が目立つアジアの自由主義陣営の結束強化をはかる狙いであったのだろう。しかしこの案は、北朝鮮やイスラエルの招請問題といった混乱を引き起こす恐れが強いと外務省当局からでさえ懸念され、結局見送られることになった。

それにしても重光が外相としてバンドン会議に取り組むことになったのは、皮肉な巡り合わせであった。なぜならば重光こそは、戦前の日本外交でアジア・ナショナリズムの勃興を最も重視し、戦時中には外相・大東亜相として大東亜共栄圏や大東亜会議を推進した中心人物だったのである。

欧米諸国には、バンドン会議とは結局のところ、「アジア人のためのアジア」という日本が第二次世界大戦中に喧伝したスローガンが実現した姿なのだとして、これを「第二の大東亜会議」と見なす向きすらあった。

しかし重光は、かつて自ら掲げた「アジア解放」が結実した姿とも見えるバンドン会議を前に、意外なまでに冷淡に「対米協調」に徹しようとした。その背後にあったのは、「共産勢力は、アジア、アフリカにおける民族主義の問題、ないし生活程度向上の問題等を利用して巧みに背後戦線の攪乱を試みて」おり、「この背後戦線において民主主義と共産主義の、果していずれが終局の勝利を占むるかによって、冷たい戦争の帰趨が定まる」（一九五五年一月、参議院での外交方針演説）という、アジア・アフリカのナショナリズムをもっぱら東西冷戦の文脈で捉える認識であった。

これに基づけば、バンドン会議において日本が果たすべき役割は当然、共産主義の攻勢を食い止めることにある。その意味で、鳩山と重光の違いをもたらした最大の要因の一つは、冷戦に対する認識であった。鳩山が重視した緊張緩和の潮流は、重光から見れば、冷戦対決の最前線が米ソ間から「背後戦線」たるアジア・アフリカに移ったにすぎなかったのである。

振り返ってみれば戦時中の重光の大東亜外交には、「アジア解放」を日本の戦争目的として明確に掲げることによって、大西洋憲章で同様の目的を掲げた連合国側と戦争目的を一致させ、結果として日本帝国と連合国が戦争を続ける理由を消滅させる、そのような理念のレベルでの終戦工作という意味が、少なくとも重光自身の中では濃厚に意図されていた（波多野澄雄『太平洋戦争とアジア外交』）。

そうであれば戦時中の重光にとってアジアとは、まずは日本が対連合国外交を展開する上での「手段」だったのであり、そして戦後のアジアは、世界大の冷戦の「舞台」として認識されていたのかもしれない。そのいずれにおいても、「アジア」そのものに主眼があったわけではないというおそらくそこに、大東亜会議とバンドン会議をめぐる重光の、一見したところの断絶を解き明かす鍵が潜んでいるように見える。

「外交」とは欧米、日本など一部列強がしのぎを削るものであり、それ以外は「舞台」にすぎないというのが長らく「国際政治」の実態であった。日本帝国の傑出した外交官であった重光にしても、あるいはそれゆえに、例外ではあり得なかったのかもしれない。

その一方で戦前・戦後の重光に一貫していたのは、外相たる自らの下で外交当局が一元的に外交を司るという「外交一元化」への執着であった。重光が戦時中の大東亜外交に込めたもう一つの狙いは、「外交」の復権によって軍部から対外関係の主導権を取り戻すことであった。そして戦後、首相たる鳩山をよそに日本外交のあるべき方針を説き続けたのも、「外交一元化」の信念からであった。

しかし天皇の「外交大権」を外交当局が遂行するという戦前の図式がもはや失われた以上、戦後政治の只中で「外交一元化」を追求する重光の前にあったのは、おそらくは出口のない茨の道であった。

一九五五年三月下旬、総選挙に勝利した鳩山は本格的な内閣を発足させ、その直後にバンドン会議への参加を正式に決定した。しかし今度は、果たして誰が日本政府代表になるのかをめぐって迷走が始まる。名前があがった重光外相は、「派遣となれば労を惜しむものではないが」と消極的姿勢に終始した。

鳩山政権と与党・民主党は、そもそも反吉田勢力が結集した寄り合い所帯だったことに加え、鳩山の健康不安や自由党との保守合同に向けた主導権争いが絡んで権力闘争は熾烈であった。その中にあって、自前の政治的基盤を欠く重光の地位は揺らぐ一方で、重光を外相から外す動きも表面化していた。重光は、「外相排斥の空気を明に観取す。鳩山引退を見越してのものと思わる」（『続　重光葵手記』689頁）と、バンドンに出かけている間に自らの地位が取って代わられる心配をせねばならない状況にあった。戦後もなお、「天皇の外交官」という自負を抱く重光であったが、政権内ではもはや頑迷な障害と見なされつつあった。

鳩山自身がバンドン会議に出席すべきだという意見も一時優勢となったが、結局代表に決まったのは、財界出身の経済審議庁長官・高碕達之助であった。鳩山に近い高碕は、フィリピンとの賠償交渉やＥＣＡＦＥ（国連アジア極東経済委員会）などアジアとの経済関係を手がけており、バンドン会議についても、アジアとの経済関係を進展させるチャンスという観点から積極的に臨むよう鳩山に進言していた。バンドン会議に向けて鳩山の方針が主流となったことを象徴する代表決定であった。

しかしインドなどでは、経済審議庁長官が日本代表となったことを奇異に受け取る空気も強かった。ネルーはバンドン会議終了後にこう語っている。「残念に思ったのは日本代表団であった。（中略）概して経済方面のエクスパートで日本を政治的に代表する人物ではなかった。ために、日本は会議で当然演じ得べき役割を演じ得なかった。日本のために惜しむ」。果たして日本はバンドン会議において、どのように振る舞ったのであろうか。

†バンドン会議、開幕

バンドン会議の準備過程では、コロンボ・グループの間で軋轢《あつれき》もあり、また開会直前には、インドネシアに向かう周恩来が搭乗するはずのエア・インディア機が空中爆発したことに衝撃が走った。結局、周恩来は予定を変更して乗っていなかったことが判明したものの、中国は台湾の国民政府の謀略だとして激しく非難した。

後年の研究によれば、中国は経由地・香港で台湾の工作員が飛行機に爆弾を仕掛けたことを察知したものの、そのまま出発、爆破させた。中国の狙いは、これを機に香港に根を張る国民党情報組織の一掃を英当局に要求すること、また対米、対国民党のプロパガンダ戦争で格好の材料を獲得することにあった（Steve Tsang, 'Target Zhou Enlai,' *The China Quarterly*, No. 139, September, 1994）。スパイ映画さながらの諜報戦は、まだ現実のものであった。ともあれバンドンには難を逃れた周恩来をはじめ、各国代表団が次々と到着した。

一九五五年四月一八日、「新しいアジア・アフリカよ、生まれ出でよ！」というスカルノの宣言によってバンドン会議は開幕した。会議では各国首席代表が政治問題を討議し、これとは別に委員会を設けて経済協力、文化交流を扱うことになった。また会議全体を通して、賛否の表決はとらずに合意の有無を議長が裁定する「コンセンサス方式」をとることが了承された。参加国間の不一致によって、会議が決裂するのを避ける工夫であった。

この後、各国代表が演説を行った。日本代表の高碕達之助も登壇し、第二次世界大戦で「不幸にも近隣諸国に戦火を及ぼし、自らも惨憺たる被害を蒙り」、「原子爆弾の惨害を身をもって経験した唯一の国民」である日本は、「一途に平和に徹する自由国民として再生し」、国連に協力して世界平和に貢献する決意であると強調したが、議場からは消極的なものと受け止められたようである。

議場ではトルコやフィリピンといった反共の立場を鮮明にしていた国々が、共産主義を激しく攻撃する演説を行っており、注目はこれを受ける形で壇上に上った周恩来に注がれた。強硬な反論を予期した各国代表を前に、周は穏やかに語りかけた。「中国代表団は共通の基盤を求めるためにこの会議に来たのであって、分裂をつくりだすためではありません」。事前に配布された強硬な文書とは全く異なる穏やかさに、会場には好感が広がった。

だが会議に潜在する対立は、開会三日目に発火点に達することになる。発端はセイロンのコテラワラ首相の発言であった。コテラワラは、ハンガリー、チェコスロバキアなどソ連の「衛星国」を挙げた上で、「植民地主義に反対するなら、西欧の帝国主義と同様に、ソ連の植民地主義への反対を明らかにするのがわれわれの義務である」と述べたのである。会場の誰もがこの発言を「爆弾だ」と感じ、周恩来の方を見やったという。

討議終了と同時に、周はコテラワラを指さしながら「発言の目的は何なのか、中国を怒らせるためか、会議を失敗させるためか」と問い詰めた。コテラワラも「なぜソ連への批判にそんなにむきになるのだ。私は中ソの関係を言ったのではない。あなたが黙って聞いていれば何の騒ぎにもならないではないか」と言い返す。まわりがどうなることかと息をこらしていると、周は一転してほほえみを浮かべ、「ともかく明日考えましょう」と言うや、握手をしてその場を離れた。

コテラワラの発言にもっとも驚愕したのはネルーであった。周が去るとコテラワラに、「なぜ私に発言の原稿を見せなかったのか」と教え諭すような口調でただし、コテラワラは「なぜかって。あなたは演説の原稿を私に見せるのか」と反問した。ネルーはぎょっとしたようだったが、やがて紳士的な態度を取り戻してほほえみ、やがて声を出して笑い出すとまわりもそれにつられ、その場は収まったという。バンドン会議がもっとも緊張した瞬間であり、その後につづく激論の始まりであった。

バンドン会議の事務局長として成り行きをつぶさに記録したアブドゥルガニ（のちにインドネシア外相などを歴任）は、ネルーはこのように物事を教え諭すような家父長的な態度でしばしば他国の代表から反感をかったと回想しているが（Roeslan Abdulgani, *The Bandung Connection*）、それはネルーや他のインド政府関係者に対して、インドネシア側が共通に抱いた違和感だったようである。

†激論の果ての成立

翌朝、会議が再開され、ビルマのウ・ヌー首相が各国に自制を求めると、コテラワラも周恩来も、ともに和らいだ姿勢を見せ、対立も一段落したかに見えた。ところがここで、パキスタンが前日のコテラワラと同様にソ連を非難する発言をすると、トルコもこれに同調して暴力、浸透、転覆などの手段によるものを含む「あらゆる種類の植民地主義を糾弾する」との決議案を提出した。もちろん言わんとするのは「共産主義下の植民地主義」である。結局この問題については別途、小委員会を設けて妥協点を探ることとなった。

首席代表会議では引き続いて「平和共存」の是非が取り上げられ、インド、中国、インドネシアなどが賛成する一方、これを「平和攻勢」の一環と見なすパキスタンやトルコ、フィリピンなど自由主義陣営側は反対にまわった。

ここで日本は「バンドン会議平和宣言案」を提案した。日本の提案は、「平和五原則」の代わりに国連憲章の尊重を掲げるとともに、日本が重視する経済社会問題を強調したものであった。だが各国が「平和共存」の是非をめぐって激論を交わしている最中では曖昧と見られ、日本の提案は注意を引きつけることなく終わった。

最終日である二三日を迎えても、会場では依然として「平和共存」や植民地主義の定義をめぐって意見が対立しており、最終コミュニケがまとまる目処が立たなかった。そこでやむを得ず会期を一日延長したにもかかわらず、翌日になっても政治問題をめぐる議論がまとまらず、閉会総会をさらに一、二時間ほど先延ばしにする事態となった。

このうち反植民地主義を討議していた委員会では、「あらゆる形態の植民地主義」の妥協案として持ち出された「あらゆる現れ方をする植民地主義」という言い回しと、それが暗に意味する「共産主義下の植民地主義」に対して周恩来が強硬に反対していた。インドも周に同調して議論は完全に行き詰まり、もはや決裂は必至と見られた土壇場で事態は急展開する。

日本代表団の報告によれば、「かくて妥協は不可能かと思われたが、周は会議決裂の責任を負うことを回避しようとしたものらしく、併せて日本の立場を支持して我方に対して好意を示すことを得策と見て巧みに譲歩の機会を捉え、突然平和促進問題に言及し、先刻来日本代表が主張している通り、起草委員会の草案を平和宣言とするについては、この際難きを忍んで譲歩すべしと述べ、植民地主義問題は決裂寸前に急転直下妥結を見るに至った」(外務省外交記録)。

ここで周恩来が突然、黙殺されたに等しかった日本の提案を持ち出した上で、支持を表明したのである。会議決裂を避けるために「植民地主義」について妥協はするが、それを日本に対する好意と結びつけるという周恩来の演出であり、対中関係打開を打ち出していた鳩山政権に呼応するメッセージであった。

こうして日本の「平和宣言案」は、周恩来の支持という日本にとっては思いもよらぬ形で復活し、会議の最終コミュニケが、歴史に残る「バンドン宣言」という形をとるきっかけとなったのであった(確認しておけば、それは日本の提案の内容ではなく、あくまで「宣言」という形式についてである)。

この頃、同じく難航していた「平和共存」を扱う起草委員会では、対立がこじれて感情的なものになっており、議長をつとめるエジプトのナセル大統領は、もはや妥協は困難と見て討議を打ち切ろうとしていた。驚いた事務局長のアブドゥルガニは、全体議長を務めるサストロアミジョヨを連れて部屋に駆け戻った。必死の説得によって各国代表は席に戻り、さらなる難航の末にようやく合意可能な文書がまとまった。

すぐに閉会総会が開かれ、まだタイプもされていない最終コミュニケ案が拍手で了承された。「我々全員は一大安堵の胸をなで下ろした！　さまざまな困難を克服することができたのだ！　障害を乗り越えることができたのだ！　成功したのだ！」とアブドゥルガニはこのときの感激を記している。閉幕が宣言されたとき、時計は夜の九時半になっていた。

†中国との初接触

バンドン会議そのものと並んで内外で注目されたのが、戦後初の日中接触があるのかどうかであった。戦後日本はアメリカの圧力の下、中華人民共和国ではなく、台湾に逃れた蔣介石の国民政府を「中国」と見なして国交を結んでおり、日中の政府要人が同席するのはこれが初めてであった。

日本代表の高碕が周恩来と最初に接触したのは、会議初日の四月一八日朝、各国代表団が宿泊するホテルのロビーであった。たまたま高碕と周が隣り合ったので挨拶を交わしただけだとされたが、実際には高碕が、鳩山と事前に打ち合わせた上での行動であった。

また周の側も、「中国はこれから漢字を簡略化したいと思います。聞くところによれば日本も略字をつくるそうですね。どうです。日本と中国が同じ略字を作るように両国の学者をして会議を開かせ、検討させてみてはいかがでしょう」と提案するなど、日本との接触に備えてきた様子であったという。二人は滞在中に本格的な会談を持つことを約束した。

ちなみにこの漢字についての周の提案は、二年後に中国側が実行を催促してきたので、高碕・周会談に同席した日本外交官が、当時の岸信介首相に経緯を説明したところ、「そんな余計なことはする必要がない」と「一喝」されて終わったという（岡田晃『水鳥外交秘話』）。

高碕と周の本格的な会談が行われたのは、初接触から四日後のことであった。戦後初の日中の対面ともいうべきこの会談で、最初に高碕が述べたのは、「本日お伺いいたしましたのは、まず、第一に戦争中、わが国はお国に対し、種々御迷惑をおかけしたことに対して、心からお詫びしたいと思った」からだという謝罪の言葉であった。これに対して周は「この五十年の期間は、日本と中国との幾千年来の友好関係からみるとまったく短期間の出来事であります。われわれは今、長期的立場に立って日中両国の友好関係を如何にして持続するかについて、よく考えるべきだと思います」と、日中関係の前進を訴えた。

つづけて周が、中国との国交回復に対する日本側の意欲を問うたのに対し、高碕は「わが国は現在、政治的にみても経済的にみても、必ずしも完全な独立を得た訳ではなく、わが国のみの意志によって動くことは出来ないが、一日も早く中日関係を正常化させたいと思います」と、アメリカの意向に反することが難しいことを示唆し、つづけて「何とかして周さんのところと台湾とが一本となることは出来ませんか？　わが国はこのことを非常に望んでいます」と、日本側にとって最大の障害が中台（国共）の分裂にあると指摘した。

中国側にとって、台湾はきわめて敏感な問題である。中国側の沈黙を破って周は「高碕さんが問題の焦点が台湾であるとされたことは全く正しい。特にこの「一本になる」という点について、さらにいま少し意見の交換を行いたいと思います」と述べ、三日後に次の会談を行う約束がなされた（外務省外交記録）。

だが結局、高碕・周の三度目の会談が実現することはなかった。背後にあったのは、アメリカからの圧力である。対中封じ込めを展開するアメリカは、貿易問題の範囲にとどまるならば、バンドンでの日中接触を容認する構えであった。

ところが、高碕・周会談は日中の政治関係、なかでも最大の焦点である台湾問題に踏み込む気配であった。三度目の会談は、日本代表団のうち重光配下の外務省関係者と、これと緊密に連絡を取っていたアメリカの連携によって中止に追い込まれたのであった。

中国との関係回復を強く欲する日本、そしていまだ鮮烈であったろう戦争の記憶を抑えてでも日本を引きつけようという中国側の意図の前に、アジアを鋭く分断した冷戦の壁が、動かし難く立ちはだかっていたのである。

†アジア・アフリカの「発見」

ここまで見てきたようにバンドン会議は、アジア・アフリカ連帯の場という一般的なイメージとは裏腹に、実際には「平和共存」の是非や「共産主義下の植民地主義」をめぐる攻防など、そのほとんどが東西冷戦をそのまま持ち込んだかのような対立に費やされた。

冷戦の拒否や反植民地主義など、「バンドン精神」が結実したと言われる「バンドン宣言」にしても、「平和共存」を自由主義諸国にも受け入れ可能なように、国連憲章前文とほぼ同様の表現である「ともに平和に生きる（live together in peace）」と言い換えたことをはじめ、妥協の集大成であった。

しかしその一方で、たとえどれほど冷戦の色合いの濃い対立の果てであったとしても、新たに独立を果たしたアジア・アフリカの国々が「西洋諸国のいない初めての国際会議」を開き、「バンドン宣言」という形でひとつの声を発したことも、結果的に見れば厳然たる事実として残った。

ネルーは、次のように述懐する。「会議で大きかったのは、とらえがたいものではあるが、各国代表のあいだにある種のコミュニティーの感覚が生まれたことだった。代表たちは、自分たちが共通の何かに属していること、それが価値あるもので、世界で重きをなしたという実感を共通に抱いた」。

ネルーの言う「共通の何か」、それこそが「アジア・アフリカ」の「発見」であった。たとえ冷戦イデオロギーをめぐる立場は異なったとしても、バンドンに集まった各国の代表は、自分たちがそれを超える共通の運命の下にあることを発見した。それは、とりもなおさず「独立の希求」であり、それこそがイデオロギーの対立を超えて、アジア・アフリカ諸国を一つに結びつけたのである。

それでは、その中にあって「アジア復帰」の第一歩を踏み出した日本とは、いかなる存在だったのであろうか。これまで見てきたように、バンドンにおいて日本は決して目立つことのない存在であった。だがそれを、政治的に控えめな戦後日本外交の原型として当然視するのは早計であろう。

たとえば重光外相は、パキスタンやフィリピンなどアメリカの同盟国と歩調をそろえて「反共」を鮮明にすることこそ、日本がとるべき責任ある態度だと考えた。だがそのような立場をとれば、日本が「復帰」するアジアの範囲をフィリピンや韓国など「反共アジア」諸国に限ることになったかもしれない。しかもこれら反共アジア諸国は戦前・戦中に日本から蒙った被害がとりわけ大きい地域であり、対日感情は当然ひときわ厳しいものであった。

他方で冷戦の緊張緩和志向を持つ鳩山らには、冷戦に距離を置こうとする点で中立主義に通じる志向性があったといえるかもしれない。また「アジア復帰」の幅をコロンボ・グループなどにも大きく広げる上でも、冷戦に距離を置く方が好ましかったであろう。だがそれを露わにしてネルーなどと歩調を合わせれば、それでなくてもアメリカから「中立主義者」との疑念を持たれていただけに、鳩山は対米関係を決定的なまでに損なったかもしれない。

バンドン会議における日本の曖昧さとは、ひとつには冷戦による分断を超えてアジアに広く「復帰」の場を求めたいという欲求、その一方で戦後日本にとって死活的な重みを持つことになった対米関係を維持する必要性、このふたつを両立、あるいは破綻させないための選択なのであった。

それは確かに、日本にとってジレンマであった。だが考えて見ればそれは「アジアか、欧米か」「自由主義陣営か、共産主義陣営か」という二者択一に見える対立を、必ずしもそうとは見ない日本の志向性があればこそのジレンマであった。これら二つの間で日本の立場が鮮明なのであれば選択は容易であり、そもそもジレンマは生じない。だが、戦後日本は逆に、これらの二項対立を架橋することこそ自らの使命だと捉えていくのである。「反共最大の大物」として共産主義を相手に立ち回るのではなく、経済によって日本とアジアを広く繋げること、それがバンドン会議に際して日本が選ぶことになった方針であった。日本は政治問題での激論の傍らで開かれた経済討議において、多角的決済方式の採用などを積極的に提案した。これはアジア・アフリカの域内貿易活性化の方途だと考えられたのだが、現実には旧宗主国との繋がりに構造的に組み込まれている国も多く、原則論として合意が得られたに留まった。また最終コミュニケに盛り込まれた、アジア・アフリカ相互の技術協力や、国連、世界銀行に対するより積極的なアジア・アフリカへの関与要請なども、一般論の域を出ないものであった。

その一方で日本は、新興独立国のナショナリズムが経済面にまで及ぶことを警戒した。日本の工業力とアジアの資源を結びつける垂直的な分業によってアジアの域内経済を活性化するというのが日本の基本的発想であったが、各国が経済面でも「独立」を求め始めればその実現は困難になる。つまるところ、政治的分断を超えてアジアを広く経済で繋ぐという日本の構想を受け入れる条件は、いまだ植民地体制の残滓を引きずり、それゆえに獲得間もない「独立」に固執する当時のアジアには存在しなかったのだといえよう。

そして何よりも、バンドン会議を圧倒的なエネルギーで覆《おお》ったのは「独立の希求」であった。「バンドン会議の底流は奔騰する反植民地感情であって、私はすさまじい熱気に驚いたことを記憶する」(『加瀬俊一回想録・上』115頁)。この日本代表団員の驚きは、その熱気を前に、かつて植民地支配を行う側であった日本がとまどう姿でもあった。

バンドン会議に参加した日本の前に立ち現れたのは、冷戦の波及によって分断される一方、「独立の完遂」を求めてナショナリズムが奔騰するアジアであり、それは戦前・戦中に日本が知っていたはずのアジアとは一変した世界であった。

加えて終戦から一〇年を経たにすぎないアジア一円には、戦時中に日本が残した戦争の生々しい傷が、いまだに癒えることなく広がっていた。果たして日本はどこに手がかりを求め、どのようにしてこの新しいアジアに分け入って行こうとしたのか。次章以降でその軌跡をたどっていこう。

第２章

日本の「南進」とその波紋
――独立と冷戦の間で

インドを訪問中の岸信介首相（右）とネルー・インド首相（1957 年 5 月、写真提供＝AP／アフロ）。

†注目を浴びた東南アジア

バンドン会議において日本は、冷戦下のイデオロギー対立からは距離を置き、経済を軸に「アジア復帰」を探る道筋を選ぼうとした。だが、元来日本が強い結びつきを持っていた中国大陸とのあいだに立ちはだかる冷戦の厚い壁は、バンドンで改めて示されたように、突き崩すことが困難なものであった。それでは活路は何処に見出せるのか。北東アジアから隔てられた日本のエネルギーは東南アジアに向かい、それはやがて戦後日本の「南進」ともいうべき現象となっていく。

もちろん冷戦の影は東南アジアにも及んでいた。植民地支配の再建を目指したフランスが敗走したベトナムでは、イデオロギーを軸に南北が分裂し、やがてベトナム戦争へ至るアジア冷戦の最前線となっていく。またマラヤ、フィリピンなど東南アジア各地で共産党の武力闘争が活発化しており、政府・植民地当局との間で戦火が絶えなかった。

その一方で、コロンボ・グループに属するインドネシア、ビルマなど中立主義の国もあり、他方でマラヤ、シンガポールなどイギリスの植民地も健在であった。北東アジアにおいては朝鮮半島から台湾海峡にかけて、冷戦の分断線が地域を鋭く二分することになったのに比べれば、東南アジアでは状況ははるかに多面的であった。そこに日本が入り込む余地があると見えたのである。

さらにこの日本の関心を後押ししたのが、アメリカであった。冷戦の論理によって日本と共産中国との接近を厳しく遮断したアメリカであったが、東南アジアでは積極的に日本の進出を後押ししようとした。

その動機はやはり冷戦にあった。アメリカは、主権を回復した日本が中ソ、あるいは中立主義になびくかに見えた理由の一つは、かつての中国大陸との経済的結びつきの記憶にあり、これに代わる市場・原料供給地を見出せない限り、「日本中立化」の衝動を解消することは難しいと考えた。そこで浮上したのが東南アジアだったのである。

アメリカの構想は、日本の工業力と東南アジアの資源を結びつけることによって日本を復興させ、同時に東南アジアでは物資不足を解消して共産主義浸透の温床となっている社会不安を除去するというものであった。これがうまくいけば、日本と東南アジアをともに復興させ、強力な反共の防波堤を築くことができる。

その促進のために大規模な援助を行う構想は、ときに「アジア版マーシャル・プラン」などと呼ばれ、米政府内で繰り返し検討されたが、結局実現しなかった。財政規律と市場原理を重視し、経済復興は貿易によって達成されるべきだというのが一九五三年に就任したアイゼンハワー大統領の考えであり、米議会も大規模な対外援助には消極的であった。

しかし結果的に実現しなかったとはいえ、このアメリカの構想は一九五〇年代の日本で大いに関心を集め、「東南アジア開発」が一躍注目されることになったのである。

†立ちはだかる戦争の傷跡

とはいえ東南アジアは、戦争中に日本が「大東亜共栄圏」の下で人員・物資の動員を強い、苛烈な戦闘の舞台となった地域であった。当然のこととして戦争の記憶は生々しく、日本が関係を再構築しようとすれば、戦後処理の問題は避けて通れないものであった。

それにもかかわらずサンフランシスコ講和では東南アジア諸国の多くと講和が成立しておらず、このとき、多くの国とは国交すら樹立されていなかった。東南アジアに向けて「南進」を欲する日本の前には、戦争の負の遺産という、冷戦とは別のもう一つの壁が立ちはだかっていたのである。

それにしてもなぜ、サンフランシスコ講和からアジア諸国の多くは離脱することになったのであろうか。講和を主導したアメリカは当初、厳しく懲罰的に日本に臨む方針であった。日本が再び脅威とならないよう工業水準は一定以下に抑え、必要以上の産業設備は連合国に引き渡すこととされた。

だが冷戦が深刻さを増す中、アメリカは日本を過度に弱体化させることは自らの負担を増大させるばかりでなく、自由主義陣営の強化という観点からも好ましくないという判断を強めていく。やがて朝鮮戦争が勃発する中、アメリカは、講和会議に際して対日賠償を放棄する方針を固め、参加各国に了解を求めた。

しかし戦争中に日本から大きな被害を受けたフィリピンなどは猛反発し、結局日本軍に占領された国に限って対日賠償を請求できることになった。ただしその一方で、日本による賠償支払いは現金ではなく、労働力の提供など役務によるものとされた。現金支払いに比べて役務の提供ならば、日本企業に対する需要の創出も期待できる。これに基づいて日本と賠償交渉を行うことになったのは、フィリピンと南ベトナムであった。

それでは残る大半のアジア諸国との関係はどうなったのであろうか。戦争の最大の被害国である中国は、米英間の思惑が一致しなかったこともあり、国民党、共産党のどちらも講和会議に招かれなかった。インドは講和が米英主導のものとなったことに反発し、ビルマは賠償に不満を示してともに不参加、またインドネシアは講和条約に調印はしたものの、賠償が役務に限定されたことに不満な議会が批准しなかった。このようにサンフランシスコ講和は、アジアとの関係においてはきわめて不十分なものだったのである。

その後、サンフランシスコ講和とは別に個別の交渉を通じて、台湾に逃れた国民政府とインドは賠償請求権を放棄し、同じく請求権を放棄したカンボジアやラオスには、無償援助などの経済協力が行われた。結局、本格的な賠償交渉が行われることになったのはフィリピン、インドネシア、ビルマ、南ベトナムであり、日本が「南進」を目指す国々と重なることになった。賠償問題の解決は、「南進」のための第一関門となったのである。

†賠償交渉という関門

しかし賠償交渉は容易なものではなかった。そもそもサンフランシスコ講和から東南アジア諸国の多くが離脱した理由が、賠償問題をめぐる不満であったことを考えるならば、難航は当然だったといえるかもしれない。交渉が始まってすぐに明らかになったのは、日本の考える賠償額と東南アジア側の求める額に、あまりに大きな開きがあるということであった。たとえば当初インドネシアが請求した賠償額は一七五億ドルと、当時の日本の国民総生産を上回る金額であったのに対し、一九五三年に岡崎勝男外相がインドネシアを訪問した際に提示した額は一億二五〇〇万ドルと、一〇〇倍以上もの開きがあった。

さらに根底にあったのが、戦争の性格そのものをめぐる日本と東南アジア側との認識のズレであった。日本側では、そもそも日本が戦った相手は欧米諸国なのであって、当時植民地であった東南アジア諸国ではないという意識が根強かった。そこには、日本は戦いには敗れたものの、「アジア解放」という戦争目的自体は正しかったのだという認識が潜在していたと見ることもできるかもしれない。

それにもかかわらず、なぜ賠償を支払う必要があるのか。通産省の賠償問題担当者は、次のように率直に言う。東南アジアという日本にとっての経済的「処女地には排外的ナショナリズムや日本の侵略に対する疑惑の念などという強風が吹きすさんでいる。その中へ安全に乗込むには賠償という大義名分と結びつけるより以上の良策はないではないか」（谷敷寛「賠償と経済協力」『通商産業研究』一九五七年六月号、57頁）。

このように当時の日本では賠償問題は、戦争への償いというよりも、日本が東南アジアに進出する上での足がかりとして捉えられていた。

賠償は結果的には日本の利益になるのだという論法は、東南アジアに対する賠償支払いに釈然としない日本の世論に向けて強調された面もあったのだが、その種の言動が今度は東南アジア側の反発を招いて、賠償交渉の進展を阻害することもしばしばであった。

そのような紆余曲折を経たものの、後述するような指導者の交代や当事国を取り巻く環境の変化なども相まって、長きに及んだ賠償交渉も一九五〇年代後半には、対ビルマ（五四年）、フィリピン（五六年）、インドネシア（五八年）、南ベトナム（五九年）と順次、決着をみる。

†スカルノ大統領とデヴィ夫人

賠償問題の解決によって国交正常化が実現する一方、賠償の支払いは現金ではなく生産物や役務の提供という形がとられたことから、日本政府の支出を受けた日本企業が相手国での建設プロジェクトなどを請け負うことになった。

それは日本企業からすれば、東南アジア市場に食い込む上でまたとない「橋頭堡」であり、同時に代金の支払いを日本政府が保証するリスクの少ないビジネスを意味した。そこに政治家、政商が絡むことで、種々の利権や癒着にまつわる疑惑を生むことになる。その中からは、訪日中のスカルノ・インドネシア大統領に、赤坂のナイトクラブでの商社による接待の席で当時一九歳の根本七保子が見初められ、やがてインドネシアに渡るといったエピソードも生まれた。彼女こそが後のデヴィ夫人である。スカルノの第三夫人となったデヴィは、やがて対日関係やスカルノの「宮廷政治」で重きを成す存在になっていく。

また賠償は主に相手国における産業施設の建設などに充てられ、個人補償・現金賠償は基本的に除外されたため、個々の戦争被害者には日本からの補償であることが見えにくい仕組みになったことも否めない。

このような後に尾を引く問題を孕みながらも、バンドン会議が戦後日本にとってアジア諸国との初対面に留まったとすれば、賠償問題は関係構築の本格的な始まりであった。そして韓国とは一九六五年、大陸中国とは一九七二年に至るまで国交回復が実現しなかったことを考えるならば、アジアとの関係構築は、まずは南方の東南アジアから始まったのであった。

この賠償を端緒とした戦後日本の「南進」は多くの場合、日本の東南アジアに向けた経済進出の文脈で語られる。そこでは日本は経済に徹する、あくまでも非政治的な存在である。だが、「アジア復帰の絶好の機会」であったはずのバンドン会議で、「反共最大の大物」としての役割を期待されたように、戦後アジア国際政治において日本とは、好むと好まざるとにかかわらず非政治的な存在ではあり得なかった。

賠償を端緒とする日本の「南進」を、視野を広げてアジア国際政治という枠組みで見るならば、それは敗戦とともに一度は姿を消した日本が再登場し、東南アジアに向けて本格的な再進出を始めたことを意味した。そのことは、冷戦とナショナリズム、そして脱植民地化の潮流がせめぎ合う東南アジア情勢に、新たなダイナミズムをもたらすものとなったのである。それはいかなる意味においてであったか。

†模索と流動の東南アジア

北東アジアに比べて、中立主義諸国や植民地が混在する東南アジアは多面的であったが、それゆえに情勢は絶え間なく流動的であった。

北東アジアが共産主義の中国・北朝鮮と、自由主義陣営の韓国・台湾、そして日本によって寸分の隙なく二分されたことは同時に、状況を動かし難いという点から安定をも意味した。朝鮮半島から台湾海峡にかけての分断線が、世界的な冷戦が終焉した今日になっても変わることなく存在しているのは、驚くべき「安定性」といえるかもしれない。

これに対して東南アジアの変化の大きさは、単純に一九五〇年代と今日の地図を比べてみても明瞭に見て取れる。五〇年代の地図ではベトナムに南北二つの国家が併存し、シンガポールからマラヤ、そしてボルネオ島北部にかけてはイギリスの植民地、さらにニューギニア島の西半分は依然としてオランダの植民地である。

それが半世紀後の地図では、ベトナムはすでに統一されて久しい。一九九七年に香港が返還されて西欧諸国の植民地が姿を消す一方、最も新しい独立国が二〇〇二年にインドネシアから独立した東チモールであるのは、時代がひと回りした観がある。そして何よりも中立主義と自由主義の国々、西欧の植民地が混在していた東南アジアは、ASEAN（東南アジア諸国連合）によって括られる、アジアで最も統合の進んだ地域へと変貌した。戦後世界でこれほどの変化を遂げた地域は他になかろう。

戦後東南アジアに、この著しい変化と流動性をもたらしたのは何であったのだろうか。それは戦後の半世紀が、独立国家の集合体としての東南アジアが形作られる過程そのものであったからに他ならない。

北東アジアにおいては、それが必ずしも近代的な意味での国民国家ではなかったにせよ、今日の領域とほぼ重なる形で凝縮性のある国家が、清朝以降としても数百年にわたって存立してきた。これに対して東南アジアは、タイを除けば一面が西洋列強による植民地支配によって長く覆われた。

本来同じマレー系文化圏に属するインドネシアとマレーシアが、前者がオランダ、後者がイギリスと、別々の西欧列強によって植民地化されたことで結果的に個別の国家となったように、あるいはイギリス統治下のマラヤでスズ鉱山などの開発遂行のために中国人、インド人労働者が大量に流入した結果、元来のマレー系住民を含めた複合的な社会へと変質したように、多年にわたる植民地支配は、東南アジアにおいては社会の性質、そしてどの範囲をもって一国が成立するのかといった根本的な問題をも左右した。

しかし、強固で永続するかにも見えた植民地支配は、第二次世界大戦が始まると、日本軍の襲来によってあっけなく突き崩されることになった。その衝撃は大きかったが、それが即座に植民地支配の終わりを意味したわけではない。日本が敗れ去った後、西欧の宗主国は植民地の再建を当然のこととして帰来した。これを植民地の側が拒否したことによって、独立と脱植民地化という歴史の歯車がまわり始めたのである。

だが「脱植民地化」は、独立宣言など形式的な、ある時点のある一点をもって即座に達成される性質のものでは必ずしもない。独立を果たした国家という器をどのような中身で満たし、旧宗主国の影をどこまで払拭するのか、それは長きに及んだ植民地支配から国家と国民を作り出すという課題なのであり、東南アジアにおいては一九五〇年代、六〇年代と、まさに「戦後」において模索を重ねつつプロセスとして進行した。それがこの地域の戦後に絶えざる流動性をもたらした根本的な動因であった。

この脱植民地化のプロセスは、共産主義と資本主義、どちらの道筋で独立後の国造りを進めるのかという体制選択の問題を通して、容易に世界大の冷戦対立と結びつくものであった。逆にいえば、冷戦という分断と固定化を特徴としたはずの戦後世界のイデオロギー対立は、脱植民地化という動的なエネルギーと結びつくことによって、東南アジアでは熱戦に転化することになったのだといえよう。

そしてこの脱植民地化という根本的なエネルギーこそが、日本の「アジア復帰」を南方へと引き寄せる誘因となったのである。中でも焦点となったのは、海域アジアの「要」、インドネシアであった。

†インドネシア――海域アジアの「要」

戦後東南アジアに流動性と変容をもたらした震源はふたつあったといえるだろう。ひとつはベトナムを中心とするインドシナ情勢である。フランスが敗走した後に介入したアメリカと共産側との対峙はやがてベトナム戦争へと至り、アジアばかりか戦後国際政治全体の焦点でありつづけた。アメリカが敗退すれば本当に共産化の「ドミノ」が起きるのか、過度の介入がアメリカを底なしの疲弊へと導くのか、ベトナム戦争の帰趨が、東南アジアの行く末を大きく左右すると考えられたことは想像に難くないであろう。

そしてもうひとつ、耳目をひくという意味ではベトナム情勢の背後にありながら、これと並ぶ重みを持ち続けたのが、海域アジアの「要」というべきインドネシアである。

東南アジアの過半に迫る国土と人口（二〇一五年時点で人口約二億六〇〇〇万）を擁するインドネシアは「東南アジアの超大国」であり、その国家規模は世界でも米ソ中印などに次ぐ巨大なものであった。また石油をはじめとする豊富な資源、太平洋とインド洋を繋ぐ地政学的要衝を占めることなども、その重みを増す要素であった。

だがインドネシアが「要」たる所以は、その国家規模以上に、この国が歩んだ道程が東南アジアの政治的基調を左右するものであったからに他ならない。

そもそもインドネシアの中核であるジャワ島は古来、海域東南アジアにおける文明の一大中心地であった。やがてオランダ植民地下に入ったジャワをはじめとするインドネシア（蘭領東インド）は、近代的なナショナリズムの勃興・形成という点でも、この地域で他を圧する主導的な存在であった。

第二次世界大戦後にオランダとの激しい戦争によって独立を勝ち取ったこと（その点では、戦った相手こそ違うものの、ベトナムとの共通点、相互の親近感が指摘される）、さらに歴史に残るバンドン会議を開催したことは、第三世界のナショナリズム、反植民地主義の世界的な旗手であるというインドネシアの自意識をさらに高めるものであり、それを一身に体現したのがインドネシア独立の英雄・スカルノ大統領であった。

このようなインドネシアの姿勢は、旧宗主国と緊密な関係を維持したフィリピン（米）、マレーシア、シンガポール（英）など周辺国とは全く異なるものであり、周辺国やその宗主国は、反植民地主義とナショナリズムを高々と掲げる大国・インドネシアからの風圧を、陰に陽に感じつづけることになる。独立後も宗主国との紐帯を保つのか、あるいはその全面的払拭を「真の独立」と見なすのか、スカルノ政権下のインドネシアの動向は、「脱植民地化」のありようを模索していた戦後東南アジアを大きく左右する要素であった。

スカルノの急進的民族主義路線は、オランダ、次いでイギリスを追い払うべき植民地主義勢力と見なしてこれと対決した。そして最後には国連を脱退、中国と「北京＝ジャカルタ枢軸」を結んでアメリカと敵対したが、一九六五年に勃発したクーデター未遂、九・三〇事件によって崩壊する。代わって成立したのは西側との協調の下、反共と開発の遂行を至上命題とする軍部主導のスハルト政権であり、スハルト体制下のインドネシアは、創設されたASEANにおいて、自他共に認める「盟主」となった。

地域の中枢を占めるインドネシアのこの劇的な転換があればこそ、東南アジアは革命やナショナリズム、あるいは戦乱を基調とする「政治の時代」から、開発と経済成長で覆われ、今日に至る「経済の時代」へと変貌を遂げることになったのである。バンドン会議の開催国から「北京＝ジャカルタ枢軸」、そして「ASEANの盟主」へというインドネシアの移り変わりを挙げてみれば、それらがいずれもインドネシア一国にとどまらない意味と広がりをもって地域秩序を大きく左右するものであったことが容易に見て取れよう。

そして日本の「南進」が主たる針路に定めたのも、このインドネシアに他ならなかった。

反植民地主義を掲げたスカルノ時代から、これに代わって開発を至上命題としたスハルト時代を通じて、日本は、以下で見るようにインドネシアに深く関与し続けることによって、「南進」を遂げることになった。

地域秩序を左右するインドネシアとの深い結びつきは、やがて二国間関係を超え、日本を否応なしにアジア秩序をめぐるせめぎ合いの当事者へと押し上げることになる。日本のインドネシアに対する関与は、「脱植民地化から開発へ」という戦後アジアの主軸となる潮流が勃興する上で、欠かせぬ意味を持つことになるのである。

まずはその先駆けとなった対インドネシア賠償と、二国間の戦後処理をはるかに超えた、アジア国際政治におけるその意味から解き明かすこととしよう。

†岸・スカルノの電撃的決着

一九五七年一一月、折から東南アジアを歴訪中の岸信介首相はインドネシアを訪れ、スカルノ大統領との間で、長らく懸案となっていた賠償交渉を妥結させた。純賠償、借款、それに貿易債務の帳消しなどをあわせたおよそ八億ドルは、フィリピンに対する賠償と並んで最大規模であった。終戦から交渉妥結まで一二年もの年月が経っていた。

前述のようにサンフランシスコ講和条約を批准しなかったインドネシアとの賠償問題は二国間交渉に委ねられたが、双方の想定する額にあまりに大きな開きがあった。その後、日本側は、インドネシア政府の姿勢が軟化するまで様子見を決め込む姿勢をとり、加えて、賠償交渉が同時進行していたフィリピン、インドネシア、ビルマに対する賠償額を四対二対一の比率で決着させる方針を固めていたことから、インドネシアとの交渉だけで柔軟な姿勢をとるわけにはいかないと考えた。

日本側の姿勢にいらだつインドネシア政府は、一九五四年六月には対日貿易債務を賠償の一部として帳消しにするよう求めるとともに、日本人の入国や滞在、日本船舶の寄港を厳しく制限する措置を打ち出すなど、交渉の行方は混迷の度を深めるばかりであった。

だがそのような情勢も徐々に変化していく。インドネシアでは独立を果たした後も、主要産業の中枢は依然としてオランダ資本が握ったままであったが、このオランダ資本に代わるものとして日本からの賠償に期待が強まり、一方の日本側でも一九五六年五月にフィリピンとの賠償交渉が妥結したことから、残るインドネシアとの交渉を進めようという気運が高まった。

五七年二月に岸信介が首相に就任すると、この問題に積極的に取りくみはじめ、一方のインドネシア側でも独立以来、一貫して大統領の座にありながら、議院内閣制の下で象徴的な地位に祭り上げられていたスカルノ大統領がこの時期に政治的実権を掌握した。賠償問題の解決に強い関心を抱く強力な指導者が双方に登場したことが追い風となり、五七年一一月、賠償交渉は岸とスカルノとの間でようやく妥結に至ったのである。

だが岸とスカルノが賠償交渉を妥結させたこのとき、インドネシアは独立以来最大の危機に直面していた。スカルノ打倒を目指す大規模な内乱が発生し、これを好機と見たアメリカが、共産主義寄りに見えたスカルノ政権の転覆を目指して介入を始めていたのである。事態はスカルノ政権の崩壊にとどまらず、インドネシアの国家自体が解体しかねないものになろうとしていた。

岸はなぜこのような情勢下でスカルノに対する賠償を決断したのか、アメリカは果たしてそれを黙認したのだろうか。日本の対インドネシア賠償は、単なる賠償交渉にとどまらない緊迫した性格を帯びることになる。

†インドネシア解体の危機

インドネシアの危機の発端となったのは、ジャワ島とその他の島々との格差というインドネシアの抱える構造的な問題であった。一万三〇〇〇もの島々からなるインドネシアだが、東南アジアの過半に迫る巨大な人口のおよそ半分は、面積で言えば国土の七パーセントにすぎないジャワ島に集中している。古来、東南アジアにおける文明の一大中心地であったジャワ島は、オランダの植民地下にあってもインドネシアの中心でありつづけた。それはインドネシアでジャワ島以外の島々を一括して「外島」と呼ぶことにも如実に表れている。

しかしインドネシアの国是が「多様性の中の統一」とされたように、この国は建国に際してジャワ中心主義をとったわけでは決してなかった。だがその一方で、本来であればこのような多様性に富んだ国にふさわしいはずの連邦制は、独立闘争の経緯から負の刻印を押されていた。すなわち一九四九年に独立戦争が終結したとき、インドネシアはオランダとの協定によって連邦共和国として発足したのだが、これは連邦を構成する自治国のいくつかに親オランダ勢力を残そうというオランダの意図が露骨に込められたものであった。主権を確立したインドネシアは、オランダの狙いを封じるために単一共和国への移行を急ぎ、連邦制はその後、国家の独立と統一を脅かすものだという烙印を押されることになったのである。

だが単一共和国となったインドネシアでは、「オランダ植民地主義は去ったが、ジャワ帝国主義がやって来た」といわれたように、人口規模でも経済・文化面でも他を圧倒するジャワ人が中央、地方ともに主要ポストを占め、各種の施策もジャワ島優先が顕著であった。その一方で石油、ゴムをはじめ外貨のほとんどを稼ぎ出す資源は、スマトラ島など外島に偏在していた。外島には、自分たちの資源で獲得した富がジャワのためにばかり使われているという強い不満が募っていった。

そのような中、かねてから課題とされていた陸軍の中央集権化が断行されると、独立戦争以来、地元に根付いて軍閥化していた地方軍が反発し、次々に各州の行政権の奪取に走った。これに外島を基盤とする有力政治家も加わって中央政府の刷新を要求したが、拒否される。これら中央に対して不満を持つ勢力は、ついに一九五八年二月、スマトラ島中部のブキティンギに「インドネシア共和国革命政府」の樹立を宣言した。地方の不満は、ジャカルタとは別個の政府を樹立するに至ったのである。

†アメリカの内乱介入

これを好機と見て介入したのが米アイゼンハワー政権であった。もともとアメリカは、インドネシア独立戦争が泥沼化して共産化を招く事態を恐れ、オランダに圧力をかけて独立を認めさせるなど、インドネシアに好意的な姿勢をとっていた。だがその後のインドネシアは、アメリカの望む方向には向かわなかった。アメリカが期待した親米的な穏健イスラム系政権は長くは続かず、一九五三年にサストロアミジョヨ内閣が発足すると、共産党の閣外協力を得て、中ソとの関係強化やバンドン会議の開催など、左翼的な色彩の濃い外交路線を推し進めた。

さらに一九五五年に総選挙が実施されると、インドネシア共産党が事前の予測をはるかに超えて躍進し、四大政党の一角を占めるに至った。五七年にジャワ島で一連の地方選挙が実施されると共産党はさらに伸張し、三〇パーセントを超える得票を記録した。この事態にアメリカは、このままではインドネシア、少なくともジャワ島は選挙を通じて近い将来に共産化する可能性が高いという強烈な危機感を抱いた。

アメリカがインドネシアの中でも最重要だと考えたのは、石油の主産地であり、マラッカ海峡の沿岸を占めるスマトラ島であった。共産化から守るためであれば、インドネシアを解体してスマトラ島を分離することすら有力な手段であった。「インドネシアが統一されたまま共産化に向かうよりは、分断された方が好ましい」と考えたダレス国務長官にしてみれば、かつて国共内戦でアメリカが中国の統一にこだわりすぎたため、結果として中国全土が共産主義の側へ「失われた」ことは十分すぎる教訓であった。

反乱がスマトラ島を中心にしていたことは、この意味でもアメリカにとって好都合であった。アメリカは一九五七年秋までには反乱側への支援を決め、CIAを通して秘密裏に武器や資金の提供を開始する。やがて後述のようにジャカルタの中央政府が武力による反乱鎮圧に乗り出すと、アメリカはこれに対抗してフィリピンやマラヤから空爆を敢行し、また反共に同調する台湾の国民政府や韓国も、武器の空輸やパイロットの提供などで積極的にインドネシアの反乱勢力を支援した。

インドネシアの反乱勢力も当初は地方分権を要求していたのだが、アメリカのさらなる後ろ盾を得ようと、反乱の目的は反共にあるという姿勢を強めていった。これに応じてアメリカは、反乱勢力をインドネシアの正当な政府だと認定し、スカルノ大統領を戴くジャカルタ中央政府に対する政府承認取り消しの検討に入った。

一方、そのジャカルタでは、事態を掌握する力を失ったサストロアミジョヨ内閣が総辞職すると、スカルノは全国に戒厳令を布告するとともに、政党を介さずに自ら後継内閣を主導し、象徴的大統領という立場を超えて政治的実権の掌握に乗り出した。

このような一九五七年後半から五八年前半にかけてのインドネシアの危機は、五七年一一月の岸首相のインドネシア訪問と賠償交渉の妥結、翌年一月の藤山愛一郎外相のインドネシア訪問と平和条約・賠償協定への署名、そして四月の発効と、まさに日本とインドネシアが急速に関係を深める時期と一致していた。危機の最中の急接近は、果たして何を意味するものだったのか。賠償交渉の詳細に立ち入ってみよう。

†「血をすすりあって兄弟の契りを……」

それまでインドネシア賠償交渉が暗礁に乗り上げていたのは、日本側がフィリピン、インドネシア、ビルマへの賠償額を四対二対一の比率で決着する方針であったのに対し、インドネシア側がフィリピンと同額を強く主張していたことが大きな要因であった。交渉が動き始めたのは岸が首相に就任してからで、実質賠償四億ドルに経済協力四億ドルを加えることで、実質的にフィリピンと同額を確保する線で合意の形成が図られた。

そして交渉妥結に向けた最終的な政治決断は、一九五七年一一月、岸のインドネシア滞在中に下された。スカルノとの会談で岸が、「突如従来の我が方構想を放擲して（スカルノが提案する——引用者）貿易債務棒引き案に原則として賛成」したことで「局面は一転し」、「ここに長年にわたり懸案であった賠償問題は一挙に解決をみるに至ったのである」。賠償とは別に、インドネシアの抱える対日貿易債務を長期借款に切り替えることが従来の日本案であったが、スカルノは賠償四億ドルからこの貿易債務の分を引くことを要望していた。同席していた日本側外交官が、スカルノ案では長期借款の利息分が日本側の負担増になると異論を唱えたが、岸は「そんな細かいことは問題ではない」として退けた。岸に言わせれば、この合意は「日本側にて全然承知しておらず、自分が総理としての責任をもって一存にて決定したもの」であった。

つづけてスカルノが「自分は戦争中から戦後の今日に至る迄、変わらざる日本の親しい友人である（どうか自分を信頼して欲しいと云わんばかりの態度）」と語ると、岸も「自分は東南アジア各国を歴訪したが、其の国の重要性において貴国の比を見ない次第である」と応じ、「両雄互いに胸襟を開いて将来の提携を誓った空気であった」と日本側記録（外務省外交記録）は会談の様子を記している。

果たして岸を交渉妥結へと駆り立てたものは何だったのであろうか。この頃から日本では実質的に高度成長が始まっており、海外市場を求める日本国内からの圧力は強まる一方であった。その中にあって東南アジアについては、賠償問題が解決していないことが長らく進出の壁になっていたが、ビルマ、フィリピンと交渉が妥結しており、残るインドネシアとの交渉妥結に期待が高まっていた。

政治的側面に目を向ければ、一九五六年に念願の国連加盟を果たした日本は、翌年一〇月にはじめて非常任理事国に当選するや、核実験禁止を強く主張する一方、五八年に発生したレバノン危機に際しては独自の調停案を提示するなど、それまでの空白を取り戻そうとするかのような活発な外交を展開していた。日本の「外交空間」をさらに広げようとすれば、東南アジアとの関係を打開することがますます重要になっていた。

また岸には、自らの政権の最重要課題であった日米安保条約の改定交渉をにらんで、東南アジア歴訪を通して「アジアにおける日本の地位をつくり上げる、すなわちアジアの中心は日本であることを浮き彫りにさせることが、アイク（アイゼンハワー――引用者）に会って日米関係を対等なものに改めようと交渉する私の立場を強化することになる」（『岸信介回顧録』312頁）との思惑もあった。

その中でも重きがおかれたのがインドネシアであった。一口に東南アジアといっても、フィリピンにはアメリカ、マラヤにはイギリスがそれぞれ確固とした地歩を築き、タイには強固な独立の伝統がある。そしてベトナムはじめインドシナは、戦乱と混乱の渦中にあった。その中にあってインドネシアは、石油資源や潜在的大市場を擁することに加え、反植民地主義を掲げて、旧宗主国オランダの影響力を払拭することに力を注いでいた。東南アジアを見渡したとき、インドネシアこそは日本が目指すべき豊穣な空白地帯と見えたのである。

市場や資源供給の新天地を欲する日本のインドネシアに対する関心や、本章以降でたどるような両国の特異な結びつきを指して、インドネシアを戦後日本にとっての「第二の満州国」と見る向きもあったが、実際、インドネシアに強い関心を抱いた政財界人には、岸をはじめ鮎川義介など、戦前に満州で活躍した人々が目立ったのも事実であった。

岸の訪問に先立って財界から特使に起用された小林中《あたる》はスカルノに対して、岸と「日本の東南アジア政策は総花的ではなく二、三の国、特に地理的、人種的にも日本と関係の深いインドネシアに集中すべきである」と話し合ったことを紹介した上で、「日本には古来兄弟の契りを誓い合う際、共に血をすすりあって行う習慣がある」「岸総理とスカルノ大統領が共に血をすすりあって日「イ」両国が兄弟の交わりをすることが出来るようご援助を得たい」(外務省外交記録)と説いた。

†「反共か否か」ではなく

だがいかにインドネシアを重視したとはいえ、このときインドネシアは内戦中であったばかりか、反乱側を支援して水面下でアメリカが介入している最中であった。岸をはじめとする日本側は、いかなる認識の下に、スカルノに肩入れする意味を持つ賠償交渉の妥結に踏み切ったのであろうか。

日本外務省の基本的な情勢判断は、反乱勢力による「革命政権の樹立自体がその要求を中央政府に呑ませるための手段」であり、これが「事実上の中央政権に発展するものとは予想されず」というものであった。その背後には、インドネシア国民の大半は地方分権要求に共鳴したとしても、「革命政府の設立をインドネシアの分裂とみなし、外国のスマトラ叛乱政府援助を（中略——引用者）外国植民地主義の現れであると見做し、叛乱政府を支持しなかった」のであり、そこでは「『反共容共』のようなイデオロギー的問題よりも、「統一国家の維持」及び「植民地主義の排撃」ということがより重要な意義を含んでいる」との見立てがあった。

このようなイデオロギーよりもナショナリズムを重視する判断に立って、岸政権はこの内戦を通してスカルノに好意的な姿勢をとりつづけた。藤山外相は国会で、アメリカやオランダが石油権益確保を狙ってインドネシアの弱体化を試みているのではないかとの質問を受けて、「そういういろいろな動きが将来起り得る可能性はあり得る」とした上で、「インドネシアの弱体化を防ぐ意味からいいましても、賠償を通じ、あるいは経済協力を通じて、インドネシア政府が強固な基盤に立っていく（中略——引用者）われわれはインドネシア政府の弱体化ということを決して喜びもせず、歓迎もせず、逆にわれわれは強固にインドネシア中央政府というものを育てていく、そうしてりっぱな国家が形成されることに努めて参りたい」（一九五八年三月、衆議院外務委員会）と明確に答弁した。

この藤山の答弁は、アメリカが反乱軍を支持したとしても日本は「勿論現政府を支持するであろう」という発言として外電で報道され、アメリカに挑戦する姿勢を示したものとして各国で反響を呼ぶ一方、インドネシア政府からは「日本の精神的支持、特に藤山大臣の発言に対し深く感謝している」と謝意が示された。

また岸首相もインドネシア政府からの要請に応えて、インドネシア情勢は「内政問題であり、外部からの干渉は許されるべきではない」との声明を発した。スカルノは容共か否かという以前に、何よりも民族主義者なのだというのが岸の見解であった。内戦の帰趨を決するのは「反共か、否か」という冷戦イデオロギーではなく、独立に敏感で外からの干渉を植民地主義の再来と見なす強固なナショナリズムなのだ、それが日本側に通底する認識であった。

角度を変えて見るならば、民族主義者たるスカルノの下でインドネシアが統一されていることが、日本が進出する上での絶対条件であった。仮にインドネシアがイデオロギー対立をめぐって分裂し、アメリカをはじめ域外大国の介入によって冷戦対立の最前線、「第二のベトナム」と化してしまえば、日本の進出はもはや困難なことは明らかであろう。日本の姿勢に見て取れる冷戦イデオロギーへの冷淡さとアジア・ナショナリズムの重視、その一方でのアジア進出への欲求は、相当程度に一体のものであった。

日本はスカルノを民族主義者と見なしてその指導力を高く評価し、アイゼンハワー政権を驚愕させたインドネシア共産党の躍進にしても、スカルノの指導力を脅かすものにはなりえないと受け止めた。

しかし次章以降で見るように、次第にスカルノが左傾化を強めていくにつれ、日本はスカルノをつなぎとめ、インドネシアを冷戦のイデオロギー対決の文脈から引き戻すため、懸命の努力を強いられることになる。

†依然として残るオランダ権益

一方でインドネシア側には、どのような思惑があったのであろうか。日本との賠償交渉、内戦の勃発とアメリカの介入という危機と並行して、インドネシアはこのとき、もうひとつの大きなうねりの中にあった。それがインドネシア国内のオランダ資産接収とオランダ人の追放であり、それはインドネシアの脱植民地化の最終段階を意味した。

一九四九年に独立戦争を終えたインドネシアであったが、当時の力関係を反映して、オランダとの国家連合やインドネシア国内におけるオランダの経済権益の全面的保障といった妥協をせざるを得なかった。その結果、プランテーション農場や金融、貿易などインドネシア経済の中枢はオランダ資本が握ったままであった。これらを接収して「独立」の実質化を図るべきか、それとも疲弊した経済の立直しのためにはオランダ企業の存続もやむなしとするか、インドネシア政府の経済運営は試行錯誤を繰り返した。

だが、独立などなかったかのようなオランダ優位の経済体制に対する不満に加え、オランダが依然として統治下におく西イリアン（ニューギニア島西部）の主権委譲を拒否したことは、インドネシア国内の反植民地感情を一層かきたてた。インドネシア政府は、ついに経済の「インドネシア化」へと舵を切り、一九五六年にはオランダとの国家連合、インドネシアにおけるオランダの経済的特権を認めた協定を破棄した。

その一方で、経済の立直しを賭けた経済五カ年計画が一九五六年に開始されたものの、長期にわたる経済低迷によってインドネシアの外貨準備高は半減しており、日本からの賠償は、渇望する外貨を手にできる貴重な機会となっていた。また自力で本格的な経済建設に取り組み始めたインドネシアにとって、戦後一〇年を経て経済的に復活しつつあった日本の存在感も大きいものになりつつあった。五七年になるとジュアンダ首相が岸に宛てて親書を送るなど、インドネシア政府は賠償交渉への態度を積極化させていった。

そして前述の通り一九五七年一一月、インドネシア訪問中の岸との間で賠償交渉は一気に妥結するのだが、このときインドネシアは、オランダ追放に向けた大衆運動の最中にあった。国連総会において、西イリアン問題の解決を勧告するアジア・アフリカ諸国の共同提案が否決されたのをきっかけに、インドネシア全土のオランダ系企業で大規模なストライキが発生し、そのまま労働者に占拠されてしまったのである。インドネシア政府はこの事態を追認し、一二月には国内各地のオランダ領事館の閉鎖、インドネシアの島々を結ぶ主要な海運会社であったオランダ王立汽船会社の接収など、一連の対オランダ強硬措置を打ち出した。インドネシア経済の中枢を占めてきたオランダ資本の多くがついに接収されることになったのである。

だがこの措置は、すぐさまインドネシアの経済運営に打撃を与えることになった。なかでも深刻だったのは、王立汽船会社が接収された海運であった。接収を察知して主だった船が逃避したため、群島国家インドネシアの生命線ともいうべき島嶼《とうしょ》間の海運が途絶してしまったのである。またたく間に物流が滞り、米価は一週間で二倍に上昇した。

†オランダに代わって日本を

日本との賠償交渉が妥結したのは、まさにこの直前であった。苦境に立たされたインドネシア政府は早速日本に対して、賠償を用いた船舶の調達を要請した。当初こそ日本政府のオランダに対する配慮もあって、交渉は民間ベースで行われたが、最終的には五一隻の船舶をはじめ、賠償総額のおよそ二五パーセントが海運関係に支出されることになった（ちなみにインドネシア賠償にまつわる疑惑の多くを占めたのもこの船舶関係であった）。

船舶をめぐる問題はとりわけ象徴的であったが、いずれにしても賠償を端緒とした日本の進出は、結果としてオランダにとって代わる色彩を帯びることになった。スカルノは岸に対して、インドネシアがオランダを追い出したら日本はインドネシアに踏み込むかと問いかけたという。インドネシアから見れば賠償を端緒とする日本の進出は、冷戦に巻き込まれるのを回避しつつ脱植民地化を進めて「独立の完遂」を目指そうとしたとき、東西冷戦に直結しかねない米ソからの援助と比べて、政治的リスクの少ない特異かつ重要なものとなったのである。

しかしその一方でインドネシアにとって日本は、遠からぬ昔に自国を苛酷な占領下においた国でもある。戦争にまつわる日本への反感はなかったのであろうか。実際のところ、インドネシア側の対日観は一枚岩ではなかったといえよう。第二次世界大戦の勃発に際して、インドネシアの民族主義指導者のうち、ハッタ（初代副大統領）やシャフリル（初代首相）といったオランダ留学経験を持ち、西欧的価値観を学んだ有力者は、この戦争を民主主義とファシズムの戦いと捉え、第一の敵は日本のファシズムだと考えた。

これに対してスカルノは、インドネシアを出ることなく自己形成を遂げた民族主義者であり、ときにハッタやシャフリルを指して、彼らの中身の半分以上はヨーロッパ人だと揶揄した。そのようなスカルノにとって、第二次世界大戦は、所詮は大国間の利害をめぐる戦争であってアジアが加担すべきものではなく、戦時中にあっても敵は圧倒的に植民地支配者であるオランダであった。

やがてインドネシアに押し寄せることになる日本も敵には違いなかったが、オランダを倒してインドネシア独立に役立つという点において有用な敵であり、スカルノにとって対日協力は戦略として割り切れるものであった。

スカルノは三年半にわたってインドネシアを支配した日本軍政に協力しながら民族主義運動を展開し、結果として終戦時には並ぶ者のない独立運動の指導者としての地位を確立することになった。

賠償交渉妥結を機にインドネシアが日本と急速に関係を深めたのは、日本と浅からぬ縁を持つスカルノが実権を握ったことと表裏を成すものであった。色濃く残るオランダ色を一掃して「独立」を自らの手で完全なものとして成し遂げたい、そう考えたときスカルノは、「気心が知れている」としばしば漏らした日本を、再びテコとして捉えたのかもしれない。

†アメリカのジレンマ

前述のようにそもそもアメリカは、日本と東南アジアを経済的に結びつけて共産陣営に対抗させるという構想を抱いており、その前提となる賠償問題の解決を望んでいた。しかし同時に、アメリカ自身が賠償交渉に関与することは慎重に回避していた。戦争の記憶はまだ生々しく、安易に賠償交渉に関与すれば、戦争にまつわる日本への根強い反感がアメリカにも向けられかねないと考えられたのである。

だが皮肉なことに、東南アジアの要となるインドネシアとの賠償交渉は、アメリカがスカルノ打倒を目論んで内戦に介入する最中に妥結した。アメリカはこの事態をどのように見ていたのであろうか。

実はアメリカは、インドネシア内戦で反乱勢力を支援しつつも、もうひとつの深刻な懸念を抱いていた。それはスカルノが断行したオランダ追放の後に生じたインドネシアの「真空」を、一体どの勢力が埋めるのかという問題である。

最も憂慮されたのは、船舶や技術者の提供を申し出ていたソ連・東欧諸国の進出であった。特にさしあたっての焦点だと考えられたのが、群島国家インドネシアの生命線でありながら、オランダ系企業が撤収してしまった船舶の問題であった。

この微妙な状況の中、妥結したばかりの賠償を先陣としてインドネシアという「真空」に進出しようと目論む日本は、アメリカの了承を取り付けようと攻勢に出る。

一九五七年一二月末、藤山外相はマッカーサー駐日米大使に対し、インドネシア情勢についてアメリカの見解を尋ねた上で、「インドネシアは経済的混乱によって共産主義の手に陥りかねない」と述べた。藤山の意図を察したマッカーサーは、「情勢は不穏だ。だが日本にとってインドネシアが特に経済、貿易面で長期的に重要であることは理解するが、オランダを追い出すと解釈されるような行動はとらないことが重要だ」と、日本の露骨な行動を牽制する。

その三日後、藤山は撤収したオランダ船舶に代わるものとして、インドネシア政府が日本の会社から船舶をチャーターする計画を進めていることをマッカーサーに説明した上で、船舶調達といった問題のためにインドネシアが共産側に向かうことは阻止しなければならないと述べた。さらに藤山自らが翌月ジャカルタを訪れて、賠償協定に正式に調印するつもりだと説明した。

対応に窮するマッカーサーは国務省に指示を仰いだが、その頃ワシントンでは、インドネシア内戦への介入が成功するのか不透明な情勢になっていた一方で、インドネシアの「真空」を共産側が埋めてしまうことへの危機感も高まっており、アイゼンハワー政権首脳部はジレンマに陥っていた。

数日後にマッカーサーが、インドネシアの対オランダ強硬措置を支持しないが、同時にインドネシアの「真空」を共産側が埋めてしまうことを憂慮しているとアメリカ政府の見解を説明すると、藤山は「日本は、共産側がインドネシアの真空を埋めるのを避けるために建設的な役割を果たしたい」と繰り返し述べた。「反共」を錦の御旗にオランダにとって代わろうとするかのような日本の行動は、アメリカにとって苦々しいものだったかもしれないが、かといって容認する以外に選択肢もなかったであろう。

このような日米間の駆け引きをよそに、一九五八年三月にはいると、インドネシア情勢は急展開する。国内外の大方の予想を裏切って、ジャカルタの中央政府が反乱勢力の軍事的鎮圧に乗り出したのである。いざ戦闘がはじまると本来、地方分権が要求の主眼だった反乱側の抵抗は脆弱で、二カ月足らずで革命政府が首都に定めたブキティンギが陥落した。五月には反乱側を支援していた爆撃機が撃墜され、乗っていたアメリカ人パイロットが捕虜となることで、それまで水面下で行われていたＣＩＡの関与が白日の下にさらされた。この過程でスカルノは、インドネシア国内で大いに求心力を強めることとなった。

行き詰まったアメリカ政府は方向転換を余儀なくされ、五月末にはダレス国務長官が「インドネシアの状況は、インドネシアの問題として処理されるべきだと信じる」と発言するに至った。そもそもアメリカによる一連のインドネシア内戦への関与では、介入の実施だけではなく、その前段階の情勢分析でもＣＩＡが中心的役割を担い、国務省や現地のアメリカ大使館はカヤの外におかれた。

そしてＣＩＡは、反共を重視し、インドネシアへの介入にも積極的なダレス兄弟（兄が国務長官、弟がＣＩＡ長官）の意向を先取りするかのように、アメリカの介入によって反共インドネシアがすぐにも実現するかのような偏向した情報を送り続けたのであった。

その結果としてアメリカの介入は失敗に終わったばかりか、目的とは逆にスカルノの地位を大いに強化するという「冷戦期全体を見ても最も誤りでゆがんだ、そして意図とは正反対の結果を作り出した秘密工作」（Kahin and Kahin, *Subversion as Foreign Policy*）に終わったのである。

これと並行して、日本のインドネシア進出に対するアメリカの態度も変化する。五月半ばにはマッカーサー大使は日本側に対して、賠償問題を解決した日本は、インドネシア人の対日親近感という点から、ジャカルタの中央政府と反乱側との和解を促すのに最も適役だと述べた。

その上でマッカーサーは、反乱側も簡単には平定されないだろうから、スカルノに対して妥協が得策だと説得してほしい、インドネシアがソ連から船舶と船員の提供を受けているが、これに代わる日本人船員の提供を申し出てもらえないか、インドネシアが要望している消費物資を現状ではソ連が提供しているが、日本がこれに代わって提供することはできないかといった申し入れを行った。

インドネシアへの介入が失敗に終わったアメリカにとって、内戦の穏便な形での収束、そしてソ連の影響力浸透の阻止が火急の課題となっていた。だがどちらの問題についても、間接的に内戦の当事者となったアメリカが関与すれば、インドネシア側の反発を招くことは必至であった。

東西冷戦とは一線を画する賠償という形でインドネシアに再進出を果たし、アジア・アフリカ諸国の一員という顔も併せ持つ日本は、ここに来て台頭するアジア・ナショナリズムへの対応に苦慮するアメリカにとって、格好の代役と見えるようになっていたのである。

†賠償と「アジア復帰」

このように種々の政治力学と思惑が交錯する中で妥結した日本の対インドネシア賠償であったが、インドネシア側の賠償実施機関設立の遅れなどから、実際に初年度の実施計画が合意されたのは、一九五九年になってからであった。

賠償金の多くは、船舶をはじめ河川開発、製紙・繊維工場、ホテル、デパートの建設などに使われたが、中には中古船を時価の三倍で賠償物資としてインドネシア側に引き渡し、その差額が政治家絡みの資金となったのではないかと、日本の国会で指摘されるような不透明なケースも散見された。また賠償事業によって建設された工場や施設もその後、順調に運営されたものは必ずしも多くはなく、インドネシア経済の実質的な発展に寄与したかどうかという点では、日本側も問題があったことを半ば公に認めている。

その一方で役務の提供という形がとられたことから、賠償の多くは受注した日本企業を通して日本に還元される面があり、また受注案件の実施を通して日本企業がインドネシアに深く食い込む絶好の機会ともなった。

次章以降で見るようなスカルノの左傾化に伴う経済的逼迫によって、インドネシアは日本からの賠償を一九六五年までには事実上使い切ってしまうことになるのだが、その後もインドネシアは日本の対外援助の最大の受け取り国であると同時に、先進国以外では日本の最大の投資先の一つでありつづける。賠償は戦争被害を償うという本来の意味を超えて、日本とインドネシアを緊密に結びつけることになった。

脱植民地化によって生じた空白に、共産側の浸透を憂慮するアメリカの黙認の下で入り込む。日本の「南進」は、脱植民地化と冷戦という戦後アジアの二大潮流が交差することで現実のものとなったのである。

しかし同時に、「共に血をすすりあって兄弟の交わりを」という岸とスカルノの結びつきに、冷戦とはまた別の一種の「アジア主義」的な気配を見てとることもできるのかもしれない。実際、日本側関係者はインドネシア側に対して、技術力を誇る日本と豊かな資源に恵まれたインドネシアは補完関係にあり、両国が提携すれば相互の繁栄にとどまらず、アジアそのものの発展に大きく寄与するのだとことあるごとに訴えたが、それは実のところ、戦争中の大東亜共栄圏の時代から繰り返されたレトリックであった。

アメリカと歩調をそろえて冷戦の観点でアジアに向き合うのであれば、スカルノ政権下のインドネシアは、対峙すべきものとして冷戦の壁の向こう側に「失われ」かねない。実際、インドネシア内戦に際して、韓国や台湾、それにイギリスやオーストラリアといった自由主義陣営の国々は、スカルノ打倒やインドネシア解体を視野に入れたアメリカの介入に直接、間接に協力した。

これに対して、岸がしきりに強調したようにスカルノを民族主義者と見なすのであれば、スカルノが推し進める脱植民地化は、「アジアの一員」を語る日本にとって新天地の出現を意味し、日本の眼前に「アジア」は大きく開けることになる。冷戦イデオロギーから距離をとることで「アジア復帰」の幅を広げる。そこにバンドン会議における日本の選択に通じる一面を見てとることができよう。さらに言えば、東南アジアにおける西欧植民地が駆逐された後に日本自らが進出し得る新天地が生じるという潜在的認識に、戦前・戦中の日本の「南進」から一貫した衝動を見てとることも可能なのかもしれない。

だがこの後、スカルノが「独立と革命」の完遂を呼号して左傾化を強めるにつれ、日本の「南進」はジレンマの色合いを強めていく。その過程で日本が直面することになるのが、シンガポールを拠点にこの地域で依然として大英帝国の面影を保つイギリスとの確執であり、また戦後アジアにおける「革命」の総本山ともいうべき共産中国とのインドネシアをめぐる綱引きであった。

第３章

脱植民地化をめぐる攻防
——日英の確執、中国との綱引き

バンドン会議10周年を機に同席した（右から）川島正次郎・自民党副総裁、スカルノ・インドネシア大統領、周恩来・中国首相（1965年4月19日、ジャカルタ、写真提供＝AP／アフロ）。

†「南進」の深化と行方

賠償を端緒とした「南進」によって戦後日本が最も深く分け入ることになったのは、海域アジアの要ともいうべきインドネシアであったが、それはインドネシアがこの地域における代表的な民族主義者・スカルノの下、最も強力に「独立の完遂」を掲げ、脱植民地化を推し進めたことと表裏を成すものであった。北東アジアで冷戦の壁に阻まれた戦後日本のエネルギーは、脱植民地化の潮流に吸い寄せられるように南へと向かったのである。

しかし「脱植民地化」とはいうものの、遡ってみれば敗戦によって消滅するまで日本帝国自身が、朝鮮、台湾、そして満州国を事実上傘下におさめる植民地帝国であった。戦後日本の「南進」とは、見方を変えてみれば、敗戦によって北東アジアの植民地を失った日本が、東南アジアで西欧宗主国が逐われた後の「真空」に入り込むという一種皮肉な現象であった。

日本帝国自身の植民地は敗戦によってほぼ自動的に解体し、国共内戦や朝鮮戦争など、またたく間にイデオロギー対決の舞台と化したため、北東アジア情勢は日本において、何よりも冷戦の文脈で認識されるようになった。ことの是非は別として、日本は「脱植民地化」に対して自らの問題として向き合う契機を逸したのだといえよう。

そして東南アジアに向けた「南進」が進展するとともに、戦後日本は「脱植民地化」の問題を、独立を求めるアジアのナショナリズムに対する共感と、潜在的にではあれ、西欧旧宗主国が去った後に日本の進出を招き寄せる「機会」として認識するようになっていったといえよう。

だが脱植民地化の行方は、決して予断を許すものではなかった。アメリカが共産主義寄りだと見てスカルノの打倒を試みたように、新興独立国が東西両陣営のどちらに傾くのかをめぐって、脱植民地化は冷戦の文脈と否応なしに交わることになる。また日本が「南進」をより深く推し進めようとすれば、イギリスをはじめ、東南アジアに残る植民地勢力との間に緊張関係が生じることも避けられなかった。

ビルマなど日本が関心を抱いた国は他にもあったが、結果として日本の「南進」が圧倒的な比重をおいたのは、スカルノのインドネシアであった。だがそのスカルノは、「独立の完遂」を追い求めてやまなかった。インドネシア国内からオランダ資本を追放したスカルノは、次いで宿願であった西イリアンをオランダから奪回すると、今度は海域アジアで依然として大勢力を保つイギリスに標的を向け、マレーシア紛争が勃発する。ますますイデオロギー的な急進傾向を強めるスカルノは、さらに共産中国へ急速に接近していく。

東南アジアにおけるイギリス帝国の解体や、やがて文化大革命に至る中国の急進化も絡んで、スカルノに賭ける日本の「南進」は、次第に困難とジレンマをはらんだものとなっていく。スカルノのインドネシアに収斂《しゅうれん》する各国のせめぎ合いは、脱植民地化の行方、そしてアジア秩序の前途をめぐる武器なき攻防であった。

†イギリス帝国再編の試み

往年の東南アジアを今日と比べてみたとき、最大の違いのひとつは、イギリスの存在の有無であろう。大英帝国の盛時には、イギリス本国からスエズ、インドを経てオーストラリア、ニュージーランドに至る連なりが帝国の背骨を形作り、東南アジアではシンガポールがその拠点であった。戦後、東南アジアの旧植民地からフランスやオランダが排除される中にあっても、イギリスはなおシンガポール、マラヤ、ボルネオ島北部のサバ、サラワクなどを支配下におきつづける海域アジアの一大勢力であった。

だが脱植民地化とナショナリズム台頭の世界的潮流は、イギリスにとっても押しとどめることが困難なものになりつつあった。フランスやオランダが東南アジアから逐われる中、残るイギリスが植民地に固執しつづければ、アジア・ナショナリズムの格好の標的になりかねない。また二度の世界大戦で疲弊したイギリスにとって、植民地の維持・防衛は財政的にも困難なものになりつつあった。

このような状況にあってイギリスが選択したのは、東南アジアの植民地を独立させつつも、「非公式帝国」として濃密な紐帯を維持するという方途であった。一九五七年にマラヤを独立させ、さらに六〇年代に入るとシンガポール、サバ、サラワクをこれに組み込んで再編しようとした。今日のマレーシアの原型となる構想である（後にシンガポールが離脱）。

ところがスカルノがこれに対して、「インドネシアを包囲する新植民地主義の陰謀だ」と猛反発したことで、事態は一九六〇年代前半の海域東南アジアを揺るがすマレーシア紛争へと発展していく。

まず、イギリスのマレーシア構想について見ておこう。イギリスは、自らが東南アジアで非公式帝国として影響力を保持する上で鍵となるのは、一大軍事拠点であるシンガポールの安定的確保だと考えた。ここにイギリスが軍事力を維持することを、ベトナム情勢に苦慮するアメリカは強く望んだし、またイギリス自身にとってもオーストラリア、ニュージーランドに対する影響力を維持する上で重要であった。「シンガポールがなければ、イギリスのこの地域における影響力はフランス並みにまで落ち込むだろう」（英政府文書）と考えられたのである。

ところが、そのシンガポールは不安定であった。人口の大半を占める中国系労働者の間では、中国本土への帰属意識と共産主義への支持を結びつける左派勢力が影響力を広げていた。これがリー・クアンユー首相をはじめとする少数の親英派エリートから権力を奪取すれば、シンガポールは一気に左翼政権が支配する「東半球のキューバ」と化すことも十分に予想されたのである。

そのような事態を防ぐためシンガポールを、反共を鮮明にしているマラヤ連邦に組み入れることが検討された。だが問題は、マレー系五割、中国系四割弱と微妙な人口バランスを保つマラヤに中国系中心のシンガポールを編入すると、新国家では人口比率で中国系がマレー系を上回ってしまうことであった。

そこでサバ、サラワクなどボルネオ北部も組み入れることによって、マレー系優位の人口バランスを保つことが構想されたのである。このマレーシア構想は、一九六一年五月、マラヤ連邦のラーマン首相によって公にされた。

これに対して隣国のインドネシアは当時、オランダとの西イリアン帰属をめぐる紛争が山場を迎えていたこともあって、表立った反応は見せなかった。しかしその後、マレーシア編入が検討されていた北ボルネオのブルネイで左派勢力による反乱が起きると、インドネシアは態度を一変させ、反乱で示された民意を圧殺してマレーシア構想が強行されようとしていると、非難をはじめた。インドネシアの非難はその後激しくなる一方で、やがてこの構想は、イギリス新植民地主義によるインドネシア包囲の策謀に他ならないとして、マレーシア構想の「粉砕」を前面に打ち出すに至る。

イギリスは、スカルノがマレーシアへの対決姿勢を本格化させていくのを目の当たりにして、その意図はマレーシア結成の妨害にとどまらず、マレー系民族を統合した「大インドネシア」を実現することにあるのではないかとの疑念を深めていく。

インドネシアとマレー半島は元来、同じ文化圏であり、植民地時代の独立運動の中には、両者を糾合した「大インドネシア」としての独立を主張する流れもあった。マレーシアを併呑して「大インドネシア」を実現することが、スカルノの真の目的なのではないかというのである。

一方でスカルノからすれば、一九五七年から翌年のインドネシア内乱に乗じて、アメリカは政権転覆やインドネシア解体を狙って介入し、イギリスやマラヤもアメリカを支援していた。この危機をくぐり抜けて間もないスカルノにとって、周辺国や域外大国が連携してインドネシアを包囲するという構図は、決して絵空事ではなかったといえよう。

このほかに、マラヤとインドネシアとの脅威認識の違いもあった。マラヤでは一九四〇年代末から五〇年代にかけてマラヤ共産党の蜂起に直面し、これを鎮圧するのに多大な時間と労力を費やさざるを得なかったことから、自国への最大の脅威は共産主義だと捉えた。

これに対し、独立戦争をはじめ、オランダからの脱植民地化に労苦を重ねたインドネシアは、植民地主義こそ最大の脅威だと捉え、またバンドン会議を開催するなど反植民地主義の世界的な旗手であるとの意識も強かった。スカルノに言わせれば、マラヤのように宗主国の影響を色濃く残しながら容易に達成した独立は、真の独立ではなかった。

学であったといえよう。

†スカルノ体制の矛盾

このように、インドネシアが「マレーシア粉砕」を打ち出した要因はさまざまに挙げられるが、実際には何よりも大きかったのは、スカルノ体制下のインドネシア国内の政治力学であったといえよう。

スカルノの政治は、いわば「独立と革命」の政治であり、独立戦争が終結した後も、残る西イリアンを奪回するまで独立とそれに伴う革命は終わらないと主張した。それを追求する過程で、オランダ植民地下にあったという以外に共通性を持たない人々を統合し、社会革命とともにインドネシア国民として創出する。それがスカルノの描く道筋であった。

これに対して、独立は達成され、革命は終わった、これからは国内建設に向かうべきだと主張した政治家や政党も有力であったが、彼らは外島を基盤としたことから、一九五七年からの内戦で力を失った。

機能不全に陥った議会と政党から実権を奪取したスカルノは、陸軍と手を結んで新体制を構築し、そこでは国民の意思は議会や選挙ではなく、「人民の代弁者」たるスカルノを通して体現されるとした。「指導された民主主義」と呼ばれたこの体制によって、スカルノは卓越した地位を確立し、全力を挙げて西イリアン「解放」へと突き進んだ。

スカルノは軍事力の拡充に力を注ぎ、軍事的奪回も辞さない構えであったが、ケネディ米大統領の仲介によって西イリアンのインドネシアへの帰属が決まった。インドネシアの「独立」は、ここに達成されたはずであった。ケネディも、西イリアン紛争が満足のいく形で解決すれば、インドネシアが国内の経済建設を重視する穏健な路線に転換すると期待したからこそ、反発するオランダを抑え込んで、仲介に踏み込んだのである。

だが、その後ＩＭＦ（国際通貨基金）と連携して導入された経済改革は、厳しい緊縮財政を伴うもので、インドネシア国民には不人気であった。また実権を掌握する過程において、政党を弱体化させるために陸軍と手を結んだスカルノであったが、今度は力を増す陸軍を牽制する意味もあって、インドネシア共産党の勢力伸長を積極的に擁護した。その結果、陸軍と共産党という相容れない勢力間のバランスを、唯一スカルノがとることによって主導権を握る体制を築いたのだが、二大勢力となった陸軍と共産党はともに、ＩＭＦと協調した国内建設路線への転換よりも、マレーシアとの対決という新たな危機が勃発する方を望んでいた。

共産党にとって新たな危機の勃発は、革命のさらなる継続を訴えて陸軍からの抑圧をかわし、主導権を握る上で絶好の機会であり、他方で、ＩＭＦ主導の経済改革が進展して自由主義諸国とインドネシアの結びつきが深まることは、当然歓迎できるものではなかった。

また軍にとっても新たな危機の勃発は、西イリアン紛争で膨張した規模と予算を維持する上で好都合であった。それに西イリアン紛争では、終始積極姿勢をとった共産党から協力的ではないとして攻撃にさらされた陸軍としては、マレーシア紛争で同様の事態を招くことは避けなければならなかった。

このように「独立と革命」から経済改革路線へ転換を図ることは、スカルノ体制下の政治力学からして、ハードルの高い選択肢であった。それに比べれば、マレーシアとの対決と新植民地主義の粉砕という西イリアン奪回に次ぐ新たな「大義」を掲げ、対外的緊張と膨張した予算を維持する方が、政治的にははるかに容易な選択となっていた。スカルノにとって、「独立」はもはや達成された課題なのだと認めること、そして国内経済の建設という性質の異なる一大課題へと大きく舵を切ることは、少なからぬ困難を伴うものになりつつあった。

†「大マレー国家連合」構想

一九六三年になるとインドネシアのスバンドリオ外相は、マレーシアの発足を強行すれば武力衝突も起こりうると公式に警告した。その一方で、紛争はフィリピンに飛び火する。フィリピンが、マレーシア構想の一部を成すボルネオ島北部のサバに対して領有権を主張し始めたのである。もともとサバは、その後フィリピンの一部となったスールー首長国に属していた。スールー首長はイギリス系の会社にサバを貸与したにすぎず、主権はフィリピンにあるというのが、その主張であった。

フィリピンでは当時、対米関係の軋轢を背景にナショナリズムが高揚しており、フィリピンのマカパガル大統領には、領有権問題を取り上げることでこの波に乗ろうという思惑があった。こうしてマレーシア構想は、インドネシアに加えてフィリピンも絡む問題へと発展することになったのである。

だが、紛争は一気に激化したわけではない。スバンドリオ外相はマレーシア構想を繰返し非難したものの、「対決」が何を意味するのかは曖昧であった。また事態を収拾するため、六月にはインドネシア、マラヤ、フィリピンの閣僚級協議がマニラで実現し、マレーシア構想、そしてフィリピンが提唱する「大マレー国家連合」について協議が行われた。「大マレー国家連合」とは、インドネシア、マラヤにフィリピンも加わって、マレー系諸民族が大同団結するという構想であった。マカパガル大統領はこの新提案によって行き詰まったサバ領有問題を棚上げし、併せて対米依存に代わる新たな外交枠組みを提示することを狙ったのであった。

協議の結果、北ボルネオ住民の民意が国連の関与の下で確認されることを前提条件にして、インドネシア、フィリピンはマレーシア結成に反対しないことに同意した。また「大マレー国家連合」についても、原則的な同意が得られた。

こうして平和裏に解決するかに見えた紛争であったが、事態は逆の方向に急転する。マニラで合意されたはずの、北ボルネオ住民の民意調査といった前提条件を一切無視する形で、マレーシア連邦の発足が発表されたのである。

当然、インドネシアとフィリピンは激昂した。それでも再びマニラでインドネシア、マラヤ、フィリピンの三カ国首脳会談が開催され、北ボルネオで国連調査団による民意調査を実施するため、当初、八月三一日とされたマレーシア連邦の発足を、一時延期することで合意が得られた。また、フィリピンが提唱する大マレー系国家連合についても、「マフィリンド(Maphilindo)」という名称で推進することで合意した。

これを受けて、国連の調査団がボルネオで民意の確認作業を開始した。ところが、その結果が判明する前にマラヤ政府は、マレーシア連邦を九月一六日に発足させると発表した。国連の調査結果が判明する前にマレーシア発足を決めるのでは、調査は何のために行うのか。インドネシアとフィリピンは激しく反発し抗議した。

†本格化するマレーシア紛争

マラヤの挑発的とも見える姿勢の背後には、イギリスの意向があった。イギリスはそもそも、自国が統治する領域の問題にインドネシアやフィリピンが介入してくることに強い反感を抱いていた。その上、国連による民意調査が独立の際の要件とされれば、アフリカなどに依然多くの植民地を抱えるイギリスにとって、好ましくない先例となりかねなかった。マニラでの合意は、イギリスにとっては許容しがたい譲歩だったのである。

それに加えて、マレーシア連邦を構成する予定のマラヤとシンガポールは産業構成を異にすることもあって、市場の一体化や徴税権をめぐって激しく対立していた。そのような緊張を封じ込め、ようやく発足直前にまでこぎ着けた新国家の発足を延期すれば、最悪の場合、マレーシア構想自体が瓦解しかねないと、イギリスは考えたのである。

九月一四日、国連は、北ボルネオ住民がマレーシア参加を希望しているとの調査結果を発表し、その二日後、かねてからの予定通り、新国家マレーシアが発足した。だが、インドネシアは、国連の調査結果を待たずに新国家の発足を決定したのは約束違反だとして、マレーシアの承認を拒否し、フィリピンも新国家承認を留保した。

これに対して、マレーシア政府がインドネシア、フィリピン両国との国交断絶を発表すると、ジャカルタでは激昂した群衆がイギリス大使館を襲撃し、全焼させてしまった。またイギリス系企業も占拠されたが、「マレーシア粉砕」を掲げてきたインドネシア政府は、これを止めようとはしなかった。

イギリス大使館の焼き討ちなど、インドネシアの常軌を逸したとも見える行動に対する世界の反応は厳しかった。ＩＭＦは緊急融資を中止、アメリカも追加援助の留保を表明した。加えて一一月には、経済改革を主導していたジュアンダ首相が急逝し、ＩＭＦと連携したインドネシアの経済改革路線は、ここに潰える。代わって浮上してきたのは、それぞれの思惑から、マレーシアとの対決という新たな危機を望む陸軍と共産党からの圧力であった。

これ以降スカルノは、「マレーシア粉砕」を前面に打ち出すとともに、ボルネオの国境からゲリラや「義勇軍」を繰り返しマレーシア側に侵入させ、軍事的圧力をも強めていった。

これに対応するため、マレーシアと軍事協定を結ぶイギリスは、多数の部隊を送り込むことを余儀なくされた。そもそも植民地維持の負担に耐えかねてマレーシア構想を推進したはずのイギリスは、逆に緊張激化と軍事的負担の急増に直面することになったのである。苦境に立たされたイギリスは、英連邦のオーストラリア、ニュージーランドにマレーシアへの派兵を求めた。

だがそのことによって、紛争が本格的な武力衝突に発展すれば、オーストラリア、ニュージーランドがアメリカと結ぶ安全保障条約・ANZUS条約が発動し、アメリカが巻き込まれる可能性が出てきた。イギリスの真の狙いは、ANZUS条約を通してアメリカを自らの側に巻き込むことにあったが、それでなくともベトナムで足をとられるアメリカにとって、東南アジアで二つ目の紛争の当事者となることは、何としてでも避けねばならない事態であった。

こうしてマレーシア紛争は、急速に多くの国を巻き込む国際紛争へと変質していく。そしてこの紛争はまた、賠償を端緒として「南進」を果たした日本が、アジアで政治的役割を演じ始める契機となった。ときの首相・池田勇人が、この紛争の仲介に乗り出したのである。

†仲介に乗り出した池田勇人

岸首相が安保改定の騒乱で退陣した後、「寛容と忍耐」を掲げて首相の座に就いたのが池田勇人である。「所得倍増」を打ち出し、岸の国家主義的威圧感を、一転して経済主義へと転換させた池田であったが、池田政権期はまた、経済成長によって国力をいよいよ増す日本が、国際社会の中でいかなる位置を占めるべきなのかを模索した時代でもあった。

池田が日米欧は「自由主義陣営の三本柱」と唱えたのは、この模索にひとつの形を与えようとするものであった。そして以下で追うマレーシア紛争仲介の試みもまた、アジアにおける日本の役割を、政治的領域にまで広げることを意図して展開されたものであった。

池田がマレーシア紛争の仲介に乗り出すことになったきっかけは、イギリス大使館焼き討ちなどで紛争が一挙に激化した一九六三年九月に、池田の東南アジア歴訪が予定されていたことである。この歴訪自体は、友好親善を目的に以前から予定されていたものであった。しかし、訪問先がフィリピン、インドネシアなど、この紛争の当事国であったことから、にわかに政治的色彩を帯びることになったのである。なかでも、これを紛争仲介の機会にしようと考えたのは池田自身であった。

「日米欧は三本柱」は池田の持論であったが、当時、それはまだスローガン以上のものとはいえなかった。池田にとってマレーシア紛争の仲介をかって出ることは、アジアにおいて日本が欧米にはできない独自の役割を果たし、日本が「三本柱」のひとつであることを実証する機会だったのである。また、これに先立つ訪米や訪欧で米英の首脳から、日本がスカルノを説得して欲しいと要望されていたことも池田を後押しするものだったに違いない。

日本国内では年内の解散・総選挙は必至だと見られていた。池田は、国際的紛争の調停という成果を掲げて解散・総選挙を断行して勝利をおさめ、つづく自民党総裁選挙で、立候補が予想された佐藤栄作を抑えて、三選を果たすことを強く意識していた。いずれにせよ、敗戦国であり、アジア外交といえばそれまで賠償など戦後処理問題に忙殺されてきた日本にとって、それは全く新たな領域での試みであった。

だが、日本がアジアに向けてこのような積極的姿勢を打ち出すようになったのは、必ずしも池田の政治的思惑ばかりではなく、当時の日本に、アジアに対する一種の自信が芽生えつつあったことを背景としていたというべきであろう。前々年にアジアを歴訪した池田はネルーのインドも訪ねたが、カルカッタ（現・コルカタ）に到着した時の様子を、同行した池田の側近は次のように書き記している。

飛行場に人垣をつくって出迎えてくれた大勢の人びとを見ると、ほとんどが裸足であることにまず驚いた。飛行場から市の中心部にむかうにしたがって、その貧しさがますます目にうつる。こんどの親善旅行のひとつの大きな眼目は、国際的政治家ネールと池田の会談であったが、池田も同行記者団も、このインドの貧困を目にして、日本人的な誇りと自信を胸にいだいた。これがこの東南アジア旅行の精神的な下地となった（伊藤昌哉『池田勇人とその時代』163—164頁）。

かつてバンドン会議において、アジア中立主義の担い手としてあれほど輝きを放っていたネルーは、ともに「平和五原則」を掲げたはずの中国と国境紛争で対立を深め、六二年には中印はついに大規模な武力衝突に至った。インド軍は総崩れとなり、インド側の国境地帯はパニック状態に陥った。社会主義の要素を取り入れた経済政策も成功したとはいえず、ネルーは一九六四年、失意のうちに世を去った。

先の池田側近はこのときの池田のアジア歴訪を次のように締めくくった。

大都市の表通りは近代的なビルが建っていても、裏には極端に貧しいアジアの生活がゴロゴロしていた。その人びとが豊かさを求めて、中共方式か日本方式かいずれかを選ぼうとしているという、模索の姿を感じた。池田もおそらくそれを感じたにちがいない。

そして、日本がアジアではたす役割は、たとえようもなく重要だということを、身にしみて知ったにちがいない。われわれ日本人の歩く道が、アジア人のすすむべき道の選択指標になるということがわかったのである(同右、168頁)。

そこにはバンドン会議で「独立の希求」の一点をもって団結したアジアの姿は、もはやなかった。だが、かつてバンドンで身の置き所を探しあぐねた日本にとっては、そのような混迷するアジアの姿は、アジアの前途をめぐる自らの役割について確かな意味を感じさせるものだったのである。

†歯止めをかけたアメリカ

一九六三年九月二三日、池田一行は最初の訪問先、フィリピンへ向けて出発した。池田は具体的にはどのような仲介策を描いていたのであろうか。

出発前に池田がライシャワー駐日米大使に打ち明けた腹案は、日本、インドネシア、フィリピン、それにオーストラリア、ニュージーランドの五カ国が翌六四年に東京に参集し、“West Pacific Organization”(西太平洋機構)の結成に向けた協議を始めるというものであった。これによってインドネシアをアジア太平洋の自由主義陣営に引き寄せ、紛争を解決に導くというのである。

ライシャワーは、この構想の実現可能性に懐疑的であったが、それまでの日本にはなかった積極的な提案をしてきたことを評価し、少なくとも道義的支持は与えるべきだとワシントンに進言した。これはアジアの問題で日本により大きな役割を期待するというケネディ政権の方針に沿ったものであった。

だが米国務省はライシャワーに対して、池田の構想は適切ではないとして、阻止するよう求めてきた。国務省はマレーシア紛争の解決策として、フィリピンが主導するマフィリンド構想に期待しており、スカルノはこの池田の新提案をマフィリンド構想を回避する言い訳に使う可能性が強いと見たのである。

だが池田はすでに出発した後であった。池田自身も認めたように、その構想は事前の打診を欠いた「ぶっつけ本番」(当時の新聞)という面は否めなかった。フィリピンに到着した池田は、早速マカパガル大統領との会談で自らの構想を打診したが、マカパガルはそのような構想は「究極的には」望ましいが、その前に十分な理解が必要だとして、それ以上の討議には踏み込まない姿勢を貫いた。池田の構想は、出だしから壁にぶつかったのである。

マカパガルはアメリカも期待するマレー系国家連合・マフィリンド構想を主導しており、アジアの地域構想をめぐる主導権を池田に横取りされたくはなかった。また戦時中の被害が大きかったフィリピンでは反日感情も強く、池田の調停を受け入れれば、アジアにおける日本の主導権を認めたものだとして、国内で政治問題化しかねなかった。

フィリピン側の否定的な姿勢に直面した日本側は、池田がその種の提案をしたこと自体を否定したが、現地の新聞で早速報じられ、打ち消しに躍起となった。

次の訪問国、インドネシアでは、ジュアンダ首相らとともに、スカルノの第三夫人となっていたデヴィが池田を出迎えた。スカルノは池田の構想を歓迎したが、池田は「自分が五カ国首脳会談に乗出す前に先ず三国会談（インドネシア、マレーシア、フィリピン――引用者）が開ける様な空気を作るのが先決問題であり」、「この時点において仲裁の労をとるつもりはない」と明言した。池田はアメリカの求める線に軌道修正を図ったのである。

その一方で池田は日本とインドネシアは「兄弟国」だとして緊密な絆を強調し、「米国政府や英国政府にインドネシア政府として直接云いにくいことがあれば自分が代わって云ってやるから遠慮なくいって来るように」とスカルノに語った。

追加借款や日本企業進出の条件整備でも合意した日本の積極的姿勢は、欧米諸国やＩＭＦが当面インドネシアへの経済支援を見合わせる措置を打ち出していただけに、なおさら際立つものであった。

もちろん日本とて軍と共産党のバランスをとるスカルノ体制の不安定さは認識していたが、スカルノが軍を掌握しており、何よりもスカルノに代わる人物がいないことから、「彼の政権は動かないと見て差し支えないと思われる」（外務省外交記録）と判断していた。

池田はジャカルタ滞在中、米英それぞれの駐インドネシア大使とも個別に会談した。池田はジョーンズ米大使に対しては、「日米がＩＭＦの傘でインドネシアを救わなければならない」とインドネシアへの「関与政策」を説き、これに対してジョーンズは、アメリカが凍結したのは新規の援助であって、従来からの援助は継続されていることを説明した。

ケネディ政権にとってスカルノは、地域の安定を乱す厄介な存在ではあったが、かといってインドネシア国内にスカルノを脅かす勢力が存在しない以上、強硬な態度をとってインドネシアを中ソの側に追いやることもできなかった。スカルノに反感を募らせる米議会やイギリスとの関係から一定の強い姿勢は示しつつも、スカルノとの関係修復が困難になるような措置は避け、状況の好転を待つというのが、この時点でのアメリカの方針であった。それは日本の「関与政策」ほど積極的なものではなかったが、スカルノのインドネシアを引きつけておくことの重要性では、日米間に共通理解があったといえよう。

†米英のあいだの溝

池田はギルクリスト英大使との会談では、紛争の解決にはマフィリンド構想の推進が最善の策であり、マレーシアがこれに賛同するのをイギリスが妨げないよう希望すると述べた。日本はイギリスがこれを妨げかねないと見ていた訳である。

アメリカが紛争解決策として期待するマフィリンド構想を、イギリスはマレーシアを自国の影響下から引きはがし、ひいては海域東南アジアからイギリスを排除する試みだと捉えていた。その根底にはこの地域における米英の利害の相違が横たわっていた。

イギリスは、スカルノに毅然とした態度で対峙し、得点を与えないことが何より重要だと考えた。その間にインドネシア経済の混乱が一層深刻化すれば、事態打開のためにインドネシア陸軍がスカルノ打倒のクーデターに打って出ることが期待できるというのである。インドネシア陸軍にしてもマレーシアへの対決姿勢を支持していることに変わりはなかったのだが、それでも陸軍の実権掌握の方が、スカルノ体制の継続や共産党政権の出現よりは好ましいというのがイギリスが達した結論であった。

これに対してアメリカは、スカルノ体制はイギリスが考えるほど脆弱ではないと捉えていた。むしろスカルノに対する強硬姿勢は、インドネシアにおける中国やインドネシア共産党の勢力拡大、そして「マレーシア粉砕」の一層の強化といった結果をもたらしかねない。また仮にスカルノを倒したとしても、権力は共産党に渡るかもしれない。どちらにしてもイギリスの強硬策は、地域最大の国家に「カオス」を作り出すだけだという見解であった。

この米英の差異を言い換えれば、アメリカが戦略的重要性と巨大な国家規模を持つインドネシアを世界的な勢力バランスに影響するものとして重視し、そこを起点として自国の態度や政策を考えるのに対し、イギリスにとっては自らの「非公式帝国」を形成するためにマレーシアの「脱植民地化」を順当に進展させることが至上命題なのであり、スカルノのインドネシアはその最大の妨害者であった。

イギリスは、インドネシアを重視するアメリカが、いざとなればマレーシアを犠牲にしかねないと危惧した。そうであればこそ、それを防ぐ手立てとしてオーストラリア、ニュージーランドに派兵を求めることを通じて、この両国とANZUS条約を結ぶアメリカを、自らの側に巻き込もうとしたのである。

スカルノへの関与政策をアメリカに説く日本は、アメリカよりさらにスカルノ寄りであった。池田はインドネシアに対する「日米英協調」を唱えたが、実際には一方にマレーシアの保護者でスカルノを敵視するイギリス、そして反対側にスカルノを支えることで「南進」を加速しようとする日本が、そのあいだに位置するアメリカを、それぞれ自らの側に引き込もうと試みていたのである。そしてこの時点では、スカルノへの関与を重視する日米と、スカルノ封じ込めを目指すイギリスとの間に浅からぬ溝があったといえよう。

イギリスはスカルノ体制を封じ込めることによって、その崩壊か、少なくとも「マレーシア粉砕」を放棄させることを目指していた。そうであれば、アメリカなど他の自由主義諸国が依然としてインドネシアに対する援助をつづけているのは、イギリスの努力に水をさすものに他ならなかった。

なかでもスカルノ支援を鮮明にしている日本の行為は、イギリスにとって容認しがたいものであった。たとえば日本がインドネシアにタンカーを輸出した際には、「インドネシアが現在陥っている船舶調達をめぐる困難は、イギリスが行っている対インドネシア経済封鎖によるものである。日本の寛大な条件による船舶供与によって、この政策に対するインドネシアの抵抗が増すのは嘆かわしいことである」（英外務省文書）と日本政府に申し入れた。

これに対して日本側は、「インドネシアの隣人として、日本にとっては地域的安定維持が死活的」であり、イギリスの強硬策は受け入れられないという姿勢であった。

このような日本の態度に対するイギリスの苛立ちの強さは、次のような英外務省の公電にも見て取れる。「厳しすぎる対インドネシア政策は逆効果だという日本の信念は変わっていない。しかし本当の困難は、日本が、対インドネシア政策についてイギリスがアメリカと全面的には一致していないと見ていることである。同時に日本は、インドネシアに有している大きな通商上の利益を危険にさらしたくないと考えている。そして、イギリスはスカルノを扱うのにぶきっちょで、東洋人たる日本人の方が、はるかによい考えを持っていると心の底から考えている」。

この文書から垣間見えるように、イギリスは自らの日本に対する影響力が限られていると見て、アメリカを通して日本の対インドネシア政策に影響力を及ぼそうと試みていた。東京を動かすにはワシントンを通すのが一番の上策だという訳である。しかし日本がインドネシア問題で米英間に不一致を見出しているのであれば、このアプローチはまったく有効性を失ってしまう。

しかも以下で見るように、今度はアメリカ自身が仲介に乗り出して来ることになった。日本が米英間の溝を見透かすかのようにイギリスの度重なる要請を聞き流すことに、イギリスとしては打つ手がないだけに苛立ちも激しかったのである。

†ロバート・ケネディの仲介工作

翌一九六四年初頭、ケネディ大統領の暗殺を受けて発足したジョンソン政権はマレーシア紛争の仲介に乗り出すが、それはジョンソン政権の苦境を反映したものであった。盟友イギリスと激しく敵対するスカルノに、なぜアメリカが援助をつづける必要があるのか。米議会からの異議はもはや押しとどめることが困難なものになっていた。

しかしだからといってインドネシアへの援助を断てば、中ソの側へ追いやることになる。さらには紛争をこのまま放置すれば、ＡＮＺＵＳ発動によってアメリカ自身が紛争当事者になりかねない。

この事態を打開するために、ロバート・ケネディ司法長官が特使に任命され、紛争の仲介にあたることになったのである。ケネディは、スカルノが訪日する機会を捉え、一月に東京で説得を行うことにした。会談に臨んだスカルノは、マレーシアが停戦に応じるなら自分も応じると述べ、つづけてマレーシア側の同意も取りつけたケネディは、さらにイギリスへの説得に向かった。

だがジャカルタに戻ったスカルノは、マレーシアとの対決は継続されねばならない、戦術の変更があるだけだと、前言を翻す発言をするようになっていた。帰国したスカルノは、ケネディによる調停の受諾に強く反発するインドネシア共産党をはじめ、国内勢力からの圧力を意識せざるを得なかったのである。

その後も、ケネディによる調停の細部を詰めるべく協議が重ねられたが、ゲリラ撤退と政治協議の順序などをめぐって結局、決裂した。アメリカは援助削減を持ち出してスカルノに圧力をかけたが、かえって激しい反発を招いただけであった。そしてこの年の三月、アメリカ国内での批判に苛立ちを募らせていたスカルノが、感情を高ぶらせたあげくにわざわざ英語で、「ひもつきの援助をよこそうとする国には言ってやる。援助と一緒に地獄に堕ちろ（Go to hell with your aid!）」と言い放ったことは、米国内でセンセーショナルな反響を招き、議会・世論を憤激させた。ジョンソン政権は、もはや展望の開けない仲介を断念せざるを得なかった。

この頃になるとジョンソン政権内では、従来の融和的な対インドネシア政策を疑問視する意見が、力を増しつつあった。それによればスカルノが「マレーシア粉砕」を推進する理由は、純粋にインドネシア国内の政治力学から発生しているのであって、そうであれば、それは交渉によって食い止められるものではないということになる。

その後もスカルノはますます強硬姿勢を強めていった。一方で一九六四年七月には、マレーシアの一部となったシンガポールで、クアラルンプールの連邦政府との軋轢を背景に、マレー人と華人との大規模な民族間衝突が発生した。

この混乱を前にスカルノは、このまま圧力を加えつづければ、早晩マレーシアは崩壊するのではないかと期待を抱く。スカルノはマレー半島に上陸作戦を行うなど、マレーシアに対する軍事的圧力を一段と強める一方で、アメリカのアジア政策を声高に批判し、北ベトナムの承認に踏み切った。ジョンソン政権はこれまでになくはっきりと、スカルノに対する違和感を感じざるをえなかった。

†スカルノを見切るアメリカ

この年の秋になるとジョンソン政権は、目前に迫ったベトナムへの本格的軍事介入に集中せざるを得なかったこともあり、インドネシアに対しては、もはやスカルノの方向転換に見切りをつける一方で、「スカルノ後」に期待をかけ、その間の対インドネシア関係の破綻回避に重点をおく新方針を策定することになる。

そして、このベトナムへのアメリカの本格的軍事介入というアジアの一大事が、それまでのインドネシアをめぐる米英の溝を埋める力学を生み出していくことになる。

この頃ベトナムでは、アメリカが見切りをつけたゴ・ディン・ジエム政権がクーデターで崩壊した後、めまぐるしく交代する政権は頻発するクーデターでますます弱体化し、六四年はじめには、南ベトナム全土の三分の二が南ベトナム民族解放戦線の支配下に入っていた。

南ベトナムで屈服すれば、第三世界各地で同様の事態を招くと危惧するジョンソン政権は、ベトナムへの地上軍派遣に踏み込もうとしていた。だが、ベトナムへの本格的軍事介入には国内外から疑問の声も少なくないだけに、ジョンソン政権にとっては最有力の同盟国たるイギリスの支持を取りつけることが、一層重要になりつつあった。

そのような中から浮上したのが、ベトナムではイギリスがアメリカを支持する代わりに、アメリカはマレーシア紛争でイギリスを支持するという米英相互支持の力学であった。この年七月には、訪米したマレーシアのラーマン首相に対し、ジョンソンが支持と軍事援助の開始を表明した。アメリカの姿勢の変化は明らかであった。スカルノへの関与政策を日米の共同歩調で押し進めるという日本の対インドネシア政策の基盤は、大きく揺らぎ始めていた。

このような中、日本の仲介を主導していた池田首相も一九六四年一〇月の東京オリンピックを花道に退陣する。だが翌年の死に至る病の床にあっても、池田はインドネシアへの強い関心を持ちつづけた。

来日したインドネシアのスバンドリオ外相を招いた池田は、「スカルノは共産党を抑えているつもりだろうが、そのうち足をすくわれることになる。気をつけたほうがいい」と忠告し、従来にも増してインドネシア共産党に接近する姿勢を強めていたスバンドリオも、これには「よくわかっています」と応じたという。

だが池田の仲介が前提としていたスカルノの和平への意欲、アメリカの融和的な姿勢といった要件は、いずれも崩れつつあった。その一方で、インドネシア国内ではマレーシアとの対決の長期化もあって、経済が悪化の一途をたどり、共産党がますます勢力を伸張させていた。

日本外務省の情勢判断からも楽観的な色彩は消えつつあった。「スカルノの政治生命維持には、地道な経済建設よりも国内民心のとりまとめのためには外敵を求める対決政策のほうがはるかに効果的との国内要請」があることから、マレーシア紛争の解決は当面期待できない。「国民の不満は増大するが、緩和の兆しはなく、スカルノ政権は建国以来最大の難問に直面している」(外務省外交記録)。

一九六五年に入ると、ジョンソン政権はベトナム北爆に踏み切り、他方でスカルノは国連を脱退し、「北京＝ジャカルタ枢軸」を掲げて中国に急速に接近していく。このような情勢下にあって、日本は最後の仲介を試みることになる。その中心となったのは自民党副総裁の川島正次郎であった。

†最後の仲介工作——川島正次郎

一九六四年もあとわずかという一二月三一日、スカルノは突如、マレーシアが国連安保理に入るならばインドネシアは即時、国連を脱退すると宣言した。

新国家発足後、国連に加盟したマレーシアは、六五年一月から安保理の非常任理事国になることが決まっていた。「マレーシア粉砕」を掲げるスカルノは、これを認めないとして国連を脱退するというのである。加盟国の脱退は国連始まって以来の事態であった。

この頃インドネシア国内では、経済状況悪化の加速、勢力を急拡大する共産党とこれに対抗する陸軍との緊張激化といったスカルノ体制下の危機が、もはや解決困難な状態に陥りつつあった。これらの国内的緊張を対外的な危機を創出することでしのぐというスカルノの政治が、国連脱退といったますます強硬な対外姿勢を生み出していた。

池田退陣の後、首相の座を継いだ佐藤栄作はインドネシア国連脱退の一報に接し、「一寸色めいた（中略——引用者）然しありそうな事だ」と書き記した（『佐藤榮作日記』第二巻、218頁、朝日新聞社、一九九八年）。「アジアの暴れん坊」などという異名をつけられるようになったスカルノに対して向けられる目線は、日本国内でも冷ややかなものになっていた。

佐藤はスカルノに国連脱退を思いとどまるよう説得するため、特使を派遣することを考え、真っ先に名前があがったのが自民党副総裁の川島正次郎であった。川島は東京オリンピックの際、担当国務大臣として、インドネシアが国際オリンピック委員会と政治的理由から対立した問題の対応にあたった。そしてこれを契機としてスカルノと親交を結び、この頃には日本の政界でスカルノと最も深いつながりを持つ人物の一人と見なされていた。

だがスカルノに国連脱退を思いとどまるよう説得することはマレーシア紛争と切り離せず、結局問題は紛争の仲介ということになる。泥沼化したマレーシア紛争を解決に導くため、インドネシアと友好関係を保つ数少ない国となった日本に何らかの役割を果たすよう求める声は、ジョンソン政権や国連のウ・タント事務総長からも寄せられていた。

しかし、これまでマフィリンド構想やロバート・ケネディによる調停が、いずれも実を結んでいないことを踏まえるならば、日本としても慎重にならざるをえない。そこに日本にとって、新たなイニシアチブをとるのに絶好の外交日程が到来した。バンドン会議開催一〇周年を記念する式典が、この年の四月にインドネシアで開催されることになったのである。

式典への代表として川島が出席すれば、ごく自然な形でスカルノと接触することができる。仲介の具体案としては、マフィリンド各国が指名するアジア・アフリカの四カ国によって紛争の調停委員会を設置するという構想で、これまでも各国の仲介工作の中で幾度となく浮上していた案であった。要するに問題は、スカルノとマレーシアのラーマン首相が、これを受け入れるか、否かということであった。

川島がインドネシアに向けて出発する直前、ラーマンがそれまでの消極姿勢を転じて、このアジア・アフリカ調停委員会の設置を受け入れる用意があると明言した。ラーマンが態度を変えた背景には、この年六月に、北アフリカのアルジェで開催が予定されていた第二回アジア・アフリカ会議（第一回はバンドン会議）があった。マレーシアはこの会議への参加を希望していたが、インドネシアが断固として阻む姿勢をとっていた。ラーマンには川島の調停に応じることによって、アルジェ会議参加に向けてアジア・アフリカ各国の好意を得たいという思惑があると見られた。理由はともあれ、川島にとってはよい知らせであった。

ジャカルタに到着した川島は、スカルノとの会談に臨んだ。川島はアジア・アフリカ調停委員会設置に向けたラーマンとの会談に応じるよう説得するとともに、スカルノが力を注いでいたアルジェ会議を日本が支持し、川島自身が日本代表として出席すること、また経済面では火力発電所建設のための資金協力などを伝えた。

それはアメリカが手を引き、イギリスが経済制裁を試みる中、日本は引きつづきスカルノのインドネシアを支えるという意志の表明であり、インドネシアのこれ以上の急進化と、後述する中国への接近を食い止めたいという意図が濃厚に込められた提案であった。

これに対してスカルノは、日本の仲介を熱望しており、どのような解決策にも応じる用意があると強調した。だがその積極姿勢の背後には、マレーシアと同じく、調停に応じる姿勢を見せることによって、来たるアルジェ会議に向けて、自国の印象を少しでもよくしておこうという思惑があることは川島も否定できなかった。インドネシアを後にした川島は、次にラーマンのもとを訪れ、東京でスカルノと会談することで同意を取りつけた。

†態度を翻すスカルノ

一方、その頃ジャカルタでは、川島の仲介工作の細部を詰めるべくスカルノと面会した斎藤鎮男・駐インドネシア大使が、意外な事態に直面していた。

ラーマンがともかく東京で会おうと言っている旨を伝えるとスカルノは、「彼（スカルノ——引用者）の日本人妻デビサン（日本名ネモトナホコ）の悪口を日本の雑誌が書いたことを取り上げ、日本はどうして一国の元首を雑誌が誹謗するのを放置するのかとくってかかった。特に最近の藤原弘達の記事はけしからんそうだ。斎藤は言をなして説得したが、そんな日本へは行きたくないとの一点張りで、斎藤もこれが一国の元首かとなさけなくなったそうである」（外務省外交記録）。

前年一一月、日本滞在中に自殺未遂を起こしたデヴィに帰国を促すため、スカルノはスバンドリオ外相を東京に派遣するなど対応に苦慮しており、スカルノがデヴィに関して神経質にならざるをえない面は確かにあった。

斎藤がスカルノの意に沿うよう最大限の努力をすると約束したところ、スカルノも満足した様子で、スカルノとは第二次世界大戦中から親交を持つ斎藤も、「今回は実を結ぶかもしれない」との予感を持ったという。東京では斎藤の要請を受けた橋本登美三郎官房長官が関係する雑誌責任者を集め、事態が微妙な段階にさしかかっているので、デヴィ関連の記事には慎重を期すようにとの要請を行った。

だが翌朝になると、スカルノは態度を一変させていた。閣議への同席を求められた斎藤に対し、閣僚の一人が「対マレーシア政策は強化こそすれ緩和することは考えられない。これが人民の一致した意見である」と述べると、スカルノは「大使閣下、重要閣僚の意見がお聞きの通りなので、これをスカルノの回答と受け取ってください」と述べた。川島の仲介に対する事実上の拒否であった。

その後スカルノは、日程や形式によっては、東京でラーマンとの会談に応じてもよいなどと言を左右にした。日本政府は佐藤首相がスカルノに書簡を送ったのをはじめ、「あらゆる圧力」(英外務省文書)をかけて六月のアルジェ会議の前に東京に来て、ラーマンとの会談に応じるよう求めた。

アルジェ会議をめぐっては、前述のようにインドネシア、マレーシアの双方が、アジア・アフリカ諸国の支持を取りつけようと、激しい駆け引きを繰り広げていた。マレーシア参加の成否にかかわらず、会議の後では両国の関係は一層難しくなり、首脳会談どころではなくなると踏んだからこそ、日本政府はアルジェ会談の前に、ラーマンと首脳会談を行うようスカルノに求めたのである。

だが結局スカルノは六月までに来日することはなく、川島の仲介工作が実を結ぶことはなかった。そしてアルジェ会議自体も、開会直前に開催国アルジェリアで勃発したクーデターによって延期となり、そのまま流会となった。

それにしても、いかにも曖昧なスカルノの姿勢は何だったのか。デヴィについての報道もあったかもしれない。だが、より根本的な要因は、このときスカルノが、日本の仲介に応じてマレーシアとの対決を休止し、自由主義陣営からの経済支援を得て国内建設に力を入れる方向に多少なりとも舵を切るのか、それとも、ますます勢力を拡大するインドネシア共産党とその背後の中国に歩調をそろえた急進的路線を突き進むのか、最後の分岐点にさしかかっていたことにあった。

†中国との綱引き

そもそもインドネシアでは、経済的実権を握る一方で中国本土への忠誠心も強いと見られた国内の華人への警戒感が強く、華人問題をめぐってしばしば軋轢のおきる中国とも決して良好な関係にあったわけではない。だがスカルノが西イリアン紛争からマレーシア紛争へと反植民地闘争を急進化させていくにつれて、中国はインドネシアの立場を一貫して支持する数少ない国となっていた。

他方で中国の側からすれば、中印紛争によってかつて「平和五原則」でともにアジアをリードしたインドと敵対し、この頃にはソ連との間でも対立が公然のものとなっていた。ソ連を「修正主義者」として批判し、自らは外交面でも階級闘争を重視して国際的孤立を深める中国にとって、スカルノのインドネシアは頼もしい存在となっていた。加えて、伸張めざましいインドネシア共産党は中ソ論争で中国の側に立っており、中国はインドネシア共産党に対して、スカルノと連合するよう促していた。

このようにインドネシアと中国を結びつけたのは、何よりもイデオロギーが前面に出た急進的政治路線であった。世界を「階級闘争」(中国)、あるいは「既成勢力と新興勢力の争い」(スカルノ)と捉えて闘争方針を掲げ、国際的には孤立する中国とインドネシア双方にとって、相手は格好のパートナーとして浮上したのである。一九六四年後半から六五年になると両国の間を首脳が頻繁に往来し、「北京゠ジャカルタ枢軸」と称されるようになった。

川島がマレーシア紛争の仲介を試みていた六五年四月、中国・インドネシア両国にとって差し迫った課題は、二カ月後に迫ったアルジェ会議への対応であった。川島と同様、バンドン会議一〇周年に出席するためジャカルタ入りした周恩来と陳毅《ちんき》外相は、式典終了後も帰国しようとせず、インドネシア共産党が仲立ちしてスカルノ、スバンドリオと会談を繰り返した。

中国にとって、来たるアルジェ会議はきわめて重要な意味を持っていた。アジア・アフリカ諸国が集まるこの会議で「アメリカ帝国主義」に対する明確な非難を打ち出し、さらには反帝国主義・反植民地主義を軸に会議の常設化・組織化を図る。中国はこれを武器とすることによってベトナムへの介入を強めるアメリカを牽制し、さらに米ソ「二大陣営」しか認めないソ連に対し、中国が国際闘争の焦点だと主張していた「中間地帯」の存在を具現し、中ソ論争で優位に立つことを狙ったのであった。

しかし、中国がその意図を貫徹できるかは、予断を許さなかった。このとき非同盟諸国は平和共存路線を主張するインド、エジプトなど「非同盟会議派」と、中国、インドネシアなど反帝国主義・反植民地主義・反新植民地主義路線によってアルジェ会議を貫徹しようとする「AA会議派」とに二分され、激しい主導権争いを繰り広げていた。「AA会議派」が、中印国境紛争、中ソ論争、マレーシア紛争などについての自らの主張をアルジェ会議に反映させようと試みていたのに対し、インドなどは、中国と対立するソ連を会議に招いて「AA会議派」を牽制しようとしていた。

中国にとっては、ソ連の参加を排除してアルジェ会議の主導権を握り、そこから外交の突破口を開くためには、数少ないパートナーであるインドネシアが急進的路線を維持することが不可欠の要件であった。

しかし、そこに川島による仲介工作が始まったのである。スカルノがこれに応じてしまえば中国の外交戦略は破綻してしまう。インドネシア共産党系の新聞は、「インドネシア人民は、日本の独占資本家の罠にはかからない」と、日本の関与を糾弾する記事を一斉に掲載した。

周恩来はインドネシア側との一連の会談で、マレーシア紛争の解決を六月のアルジェ会議まで先延ばしにし、併せてスカルノが中心となってアルジェ会議へのソ連出席を阻止するよう懸命に説いたという。周は、アルジェ会議まで待てば、アジア・アフリカ諸国の支持を取りつけて、より有利な形で紛争解決に臨むことができるはずだとスカルノを説得した。

これに対してスカルノが、インドネシア国内の経済・社会情勢が手のつけられない混乱に陥りつつあり、とても六月まで待てないと述べると、周は即座に五〇〇〇万ドルの緊急援助と数個師団に相当する武器を早急に引き渡すことを提案した。この武器で「労農人民軍」を組織して治安問題に対処すればよいというのである。

なおもスカルノが返事を渋ると周は、中国はマレーシア問題の解決に反対しているのではない。解決の時期をアルジェ会議の後、六五年の秋頃まで「延期というだけならどうですか」とたたみかけたという。

結局、周の提案を容れてマレーシア問題の解決を先送りすると決めたスカルノは、当然の結果として、川島の仲介に対して消極的な姿勢を露わにし始めることになる。スカルノの豹変に直面した斎藤大使も、「外部勢力の強力なプレッシャーがかかったと直感」したという。

†「原爆供与」の幻

スカルノは決して、インドネシアが中国一辺倒になるのを望んでいたわけではない。インドネシアが中国とさらに緊密になるこの年の八月になっても、スカルノは内閣幹部会において、インドネシアは中国の傘下に入れられることのないように、あらゆる方面から援助を探し出す努力をしなければならないと説いた。

それでもここで最終的に中国の意に沿う方向へ舵を切ったのは、国際的にますます孤立するスカルノを中国が一貫して支持したことに加え、「中共からの原爆供与という幻にとらわれた」（アダム・マリク談。独立期以来の有力政治家で、スハルト政権で副大統領）という面があったことも否定できなかろう。

スカルノはこの年七月に行った演説で、「神に誓って、われわれは自ら原子爆弾の製造に成功するだろう。その原爆は、他の民族や国家を侵略するためではなく、野蛮な輩《やから》の邪魔から、わが国の主権を守るためだけに使う」と述べるなど、原爆入手への執着を露わにしていた。またインドネシア陸軍幹部も、この年の秋にインドネシアが核実験を行うと公言し、スマトラ島の西方、インド洋上のムンタワイ諸島がその予定地とされた。

アメリカはインドネシアの核兵器保有の可能性を疑問視しつつも、それが現実になった際の政治的衝撃を最小限に抑える手だてを考慮し始めた。そして少なくとも表向きには、より多くのアジア・アフリカ諸国が核兵器を保有することを望むという立場をとっていた中国は、このスカルノの執着を利用しようと考えたであろう。

川島はこの後もなお仲介工作に関心を持ちつづけるが、佐藤が「川島君だけが熱心な様子」と日記に記したように、日本国内ではスカルノに好意的な立場からインドネシアに積極的に関与しようという空気は、もはや失われていた。

インドネシア国軍将校のひとりが、「スカルノの東京行きを実現するには、スカルノに対して国内からあまりに多くの圧力がかかっている」と漏らしたように、国内では共産党と陸軍、対外的には中ソやアメリカと、多くの要素を巧みに操ることによって自らの主導権を維持するスカルノの政治が破綻に近づくにつれ、スカルノ自身が身動きのとれない隘《あい》路《ろ》に陥りつつあった。そして運命の時、一九六五年九月三〇日が目前に迫りつつあった。

スカルノのインドネシアをめぐる中国との綱引きという構図が、当時の日本でどれほど意識されていたか定かではない。現に戦後の日中関係は、もっぱら両国の国交回復に至る道程として語られることが多かった。しかしその一方で戦後日本と中国には、冷戦下のアジアにおける東西両陣営の代表格というもう一つの側面が存在していたことも確かである。

バンドン会議に際して、パキスタンなど自由主義陣営の国々が、中国の主導権を封じるため、これに対抗する「反共最大の大物」として日本を招き入れたことに如実に示されるように、たとえ日本自身の意識はいかに薄かろうとも、それはアジアにおいて日本と中国が占める位置がもたらす現実の一部であった。

そして戦後日本が「経済」を軸にアジアへの関与を深めていった先に行きあたることになったのが、「革命」というもうひとつの方途でアジアを導こうとする中国の存在だったのである。

インドネシアは海域アジアの要であるのと同時に、苦闘の末に植民地支配から独立を果たし、旧オランダ領という以外に共通項を持たない領域と人々をひとつの国家・国民として創出する道筋を模索しつづけた、戦後アジアにおける国家建設のひとつの典型であった。そのインドネシアの行方をめぐって、日本と中国が自らの側へ引き寄せようと綱引きを演じたのは、実に象徴的なことであった。

†シンガポールの分離独立

スカルノ政権下のインドネシアをめぐって日本と中国が綱引きを演じていた頃、スカルノに対する強硬策を貫いてきたイギリスの立場は、足元から大きく揺らぎ始めていた。イギリスがあくまで守り抜こうとしてきたマレーシアが、崩壊の危機に瀕していたのである。問題はラーマン首相のクアラルンプール連邦政府と、その傘下に組み込まれたリー・クアンユー率いるシンガポール州政府との対立であった。両者の対立は自由貿易港として発展を遂げたシンガポールと、その突出を好まない連邦政府との産業政策や財政政策をめぐる軋轢として始まり、やがて抜き差しならない政治対立に発展していった。

両者の対立の根底にあったのは、マレー人主導の連邦政府が、マレーシアは元来マレー人の土地であり、中国系やインド系住民はイギリス植民地下で流入した移民にすぎないと捉えるのに対し、中国系住民が大半を占めるシンガポールのリー・クアンユーが、すべての民族集団の平等を主張したことであった。

そして連邦政府が経済的に劣勢のマレー人の地位向上を目指す「マレー人のマレーシア」を掲げたのに対し、リー・クアンユーはすべての民族集団が平等に連邦政治に関与すべきだとして、「マレーシア人のマレーシア」を提起しはじめていた。両者の対立は、複合国家・マレーシアの根幹に関わるものになっていた。

この対立を背景に、一九六四年になるとシンガポールで大規模な民族間衝突が続発した。ラーマンとリー・クアンユーは内々に接触し、事態が破局的なものに至るのを防ぐため、もはやシンガポールをマレーシアから分離することもやむなしとの結論に至った。

だが、この動きを察知したイギリスは強硬に反対した。イギリスがマレーシアを守るために、インドネシアと散発的ながらも戦火を交えている最中である。マレーシア構想の事実上の失敗を意味することになるシンガポール分離は、イギリスにとって容認できないものであった。

しかし、ラーマンとリー・クアンユーはその後も秘密交渉を重ね、一九六五年八月、事前通告なしにイギリスの目を欺く形でシンガポールの分離を決定した。ここに本来の形でのマレーシア構想は崩壊し、これを機にイギリスはスカルノへの姿勢を大きく転換することになる。

†大英帝国の黄昏

財政危機に苦しむイギリスにとって、マレーシア紛争の戦費は重い負担となっていたが、六五年に入るとインドネシアは、イギリスの苦境を見透かすかのように、マレーシアに対する軍事的圧力を一層強めた。

イギリスは、スカルノの対決政策が今後数年間はつづくと予測したが、イギリスがそれに対抗して東南アジアに兵力を維持することは、もはや不可能だと考えざるをえなかった。前年にまとめられた報告書では、国防費削減のため一九七〇年までにシンガポール、アデン（イエメン）双方の英軍基地を閉鎖する必要があるとされていた。

そこに発生したシンガポールのマレーシアからの分離という事態は、イギリスにとって不本意なものではあったが、同時に、インドネシアとの泥沼の紛争から抜け出すための格好の機会にもなりうると捉えられた。また、シンガポールが離脱して不安定になったマレーシアが、インドネシアの揺さぶりによってさらに分離・崩壊することを防ぐためにも、イギリスにとってインドネシアとの早期和解が必要だと考えられた。

しかしベトナムへの本格的軍事介入に踏み切っていたアメリカは、このイギリスの方針転換に強く反対した。アメリカがベトナムに専心せざるを得ない状況下でイギリスがシンガポールの基地を閉鎖し、東南アジアから撤退すれば、「北京＝ジャカルタ枢軸」を掲げるインドネシアと中国が、地域での影響力を増すことになりかねないと考えられたのである。また、イギリスのプレゼンスを望むオーストラリア、ニュージーランドの反対も強硬であった。

このような状況にあって、イギリスが期待をかけたのが、これまでほぼ一貫して反対してきた日本のイニシアティブであった。六五年八月前後にイギリスが構想したのは、日本にマレーシア、シンガポールの将来の地位を話し合う会議を開催してもらい、そこにインドネシアも招くというものであった。事実上のマレーシア紛争和平会議である。

それまで日本の介入を忌避してきたイギリスの一大方針転換であったが、英政府内にはこのような会議を主催するよう日本に打診することに、期待と不安が交錯していた。まず期待としては、日本自身が紛争解決で主導的役割を望んでいることに加え、そのことにイギリスが「信任」を与えれば、日本側は大いに喜び、積極的反応を示すだろうから実現可能性が高いということがあげられた。

他方で不安としては、一度、このような形でアジアにおける主導的な役割を日本に渡してしまえば、イギリスはそれ以降、アジアで日本の主導権に従わざるを得なくなるのではないか、日本に対してもはや影響力を行使できなくなるのではないかという懸念があった。その後、この構想が実際にどれほど進展したのか、管見の限り解禁されている文書から窺い知ることはできない。いずれにせよ、すべてを一変させる九・三〇事件の発生まで、ひと月足らずしか残されていなかった。

振り返ってみれば大英帝国の盛時以来、海域東南アジアは長らく香港とシンガポールを拠点とした、いわば「イギリスの海」であった。だが今日、その痕跡すら見つけ出すことは容易ではない。この地域における戦後最も劇的な変化のひとつは、おそらくイギリスの退場と、それに代わる日本の（再）進出であったといえよう。

マレーシア紛争への日本の関与を忌避しつづけたイギリスが、最後には日本に主導権を委ねる形でこの紛争、そして東南アジアからの撤退を構想せざるを得なかったことは、日英がときにアメリカを挟んで熾烈な駆け引きを繰り広げたマレーシア紛争が、ひとつの大きな転機であったことを物語る。

自らの威信をもって日本にお墨付きを与え、そのことで事態を有利に導く。そう画策する一方で、一度日本に主導権を渡してしまえば、それは二度と自らのもとへは戻ってこないのではないか、そう躊躇するイギリスの眼には、自らのアジアからの退場が、静かに、しかし確実なものとして見え始めていたのである。

それにしても一九六〇年代前半の海域東南アジアでは、マレーシア構想やマフィリンド構想をはじめ、さまざまな地域再編構想が入り乱れ、同時に米中そして日英など域外勢力のせめぎ合いが繰り広げられた。それは脱植民地化後のこの地域のありようが、いまだ固まっておらず、模索のプロセスの中にあったことを反映したものであった。そして決着のつかないその行方は、転換点としての一九六五年に委ねられることになる。

第４章

戦後アジアの転換点
――一九六五年

ジャカルタに建設された病院の落成を祝うスカルノ・インドネシア大統領とデヴィ夫人（1965 年 12 月 10 日、写真提供＝AP／アフロ）。

九・三〇事件——謎のクーデター

一九六五年、東南アジアを覆っていた緊張状態は、ひとつの極限を迎えようとしていた。東南アジアのみならず戦後国際政治の焦点のひとつでありつづけてきたベトナムでは、三月に米ジョンソン政権が、ついに大規模な米地上軍の投入に踏み切り、年末までには一八万の兵力がベトナムへ送られた。

そしてもうひとつの焦点であるインドネシアでは、「北京＝ジャカルタ枢軸」を貫徹する決断を下したスカルノの「危機を生き抜く年」（前年の独立記念日におけるスカルノの演説タイトル）がクライマックスを迎えようとしていた。

マレーシア紛争の激化によって援助や貿易が途絶えたインドネシアでは紙幣が乱発され、消費者物価指数は六四年には一三五パーセント、六五年にはさらに高進する勢いであった。その一方で国家予算の五〇パーセントから七〇パーセントが軍事費で占められるなど、経済は危機的状況に突入していた。また国内各地では、インドネシア共産党による暴力を伴った土地解放の強行と、これに敵対する陸軍やイスラム勢力との一触即発状態がさらに拡大していた。

加えて、インドネシア共産党は傘下の労働者を武装して「第五軍」を創設すること、国軍の中に政治委員会を設けて共産党が国軍に介入することを要求しはじめた。周恩来がかねてから「第五軍」創設の必要性を説いていたことから、共産党の背後に中国の影を見出すことは容易であった。各勢力間の均衡は、極度の緊張へと転化しはじめていた。

このような中、八月五日にスカルノが病いに倒れると、たちまちクーデターの噂が流れた。スカルノに万が一のことがあれば微妙な均衡が一気に崩れ、既存の体制が存続できないことは明らかであった。一方では、共産党勢力の手に渡すための武器が秘密裏に次々とジャワ島の海岸に陸揚げされていると噂された。経済の破綻が進行する中、インドネシア国内の緊張は極限にまで達しようとしていた。

九月に入ると、ジャカルタの街には毎日のように左右勢力によるクーデターや陰謀の噂が流れた。スカルノは持病の肝臓病で死期が近いと言われた一方で、完全に回復したともいわれた。また九月末には主食のコメが一時、姿を消して価格も急騰し、市民の不安をかき立てた。「きっとなにか起こる、なにかが起こらねばすみそうにない緊張した空気が、ジャカルタの町に流れていた」(『デヴィ・スカルノ自伝』137頁)。

ついにその時が来たのは一〇月一日の未明であった。いまだ暗闇に包まれたジャカルタ市内各地で銃声が響き渡った。やがて夜が明けてジャカルタ市民が目にしたのは、随所に展開する兵士や装甲車であった。異変は明らかである。

ラジオ放送は、大統領親衛隊のウントン中佐を指導者とする「九月三〇日運動」が「革命評議会」を設立し、その傘下の部隊がナスティオン国軍参謀長やヤニ陸軍司令官ら、陸軍の最高首脳を襲撃、拉致したと告げていた。これら陸軍首脳のスカルノに対するクーデター計画を未然に阻止するために拉致したというのである。スカルノの側に立つと見えた決起であった。

しかし、「九月三〇日運動」が事態を掌握したのはこの一日にすぎなかった。襲撃の対象外であった陸軍戦略予備軍司令官・スハルト少将が、「九月三〇日運動」の鎮圧に乗り出したのである。スハルト指揮下の部隊に押された「運動」側の部隊は、この日のうちに拠点としていたジャカルタ郊外・ハリム空軍基地に撤収を余儀なくされた。

一方、事件発生の一報を受けたスカルノは、情報収集の後、やはりハリム空軍基地に移動した。だが、そこには共産党幹部も集まっており、このスカルノの行動が後日、疑念を招くことになる。翌日にはこの基地も制圧され、「運動」は崩壊、共産党幹部はジャワ中部に逃走し、スカルノは郊外の大統領別邸に移動した。

スカルノはやがてジャカルタに戻ったが、この九・三〇事件（発生は日付を越えた一〇月一日未明だが、決起した「九月三〇日運動」の名称などからこう呼ばれる）の「黒幕」ではないかと疑われたインドネシア共産党を批判することはあくまで避け、事件を「革命の大海におけるさざ波」に過ぎないとして、片付けようとした。共産党が力を失うことによって、スカルノ体制を支える権力バランスが崩れるのを押しとどめようとしたのである。

やがて、拉致後に殺害されたヤニ将軍らの遺体が、投げ捨てられた古井戸から見つかった。その収容作業が全国にテレビ放映され、翌日には大々的に葬儀が行われると、憤りと将軍らへの同情が噴出した。事件を「さざ波」として片付けることは、もはや不可能であった。その一方で事件鎮圧の立役者・スハルト少将は、一連の葬儀などを主導し、事件への報復を訴えることで求心力を強め、次第にスカルノに取って代わろうとする勢力の中心となっていく。

これら九・三〇事件につづく一連の事態は、この後、インドネシアの権力交代を引き起こすにとどまらず、やがて戦後アジアに大きな転換をもたらすことになるのである。

†スハルト少将の裏切り、事件の謎

九・三〇事件は、それ自体が謎めいた事件である。クーデターを阻止しようとした決起が鎮圧されるという構図自体が込みいっているが、当時のインドネシアを取り巻く内外の情勢と入り乱れる思惑が、一層事件を謎めいたものにしている。

現在までに明らかになっているところでは、陸軍首脳による反スカルノのクーデター計画が存在していた形跡はない。また、インドネシア共産党が事件を主導したともいえない。決起したのは共産党の影響下にあった国軍内の左派将校であり、共産党は彼らの決起を利用して陸軍に打撃を与え、その結果として陸軍との力関係を有利なものにしようと目論んだ。

スカルノ大統領はどうであったか。おそらくスカルノも共産党同様に、国軍内の急進派将校が何らかの行動に出ることは察知していた。その上で、それを陸軍と共産党の双方をコントロールし、自らの主導権を維持するために利用できると踏んで阻止しなかった。だが陸軍首脳の拉致はともかく、殺害はスカルノにとってもまったくの想定外であり、事態はスカルノのコントロールを超えたものになっていくのである。

スカルノやインドネシア共産党の思惑が渦巻く中、事態の帰趨を決定づけることになったのは、スハルト少将による迅速な鎮圧であった。これがスハルトの実権掌握と、その後の大統領就任へとつながっていくのだが、一九九八年にアジア通貨危機の余波で三十余年に及ぶスハルト政権が崩壊して明らかになったことは、九・三〇事件の背後に「二重のクーデター」というべき構図が潜んでいたことである。

スハルトが迅速な鎮圧に乗り出すことができたのは、陸軍上層部の一員であったにもかかわらず、「運動」の襲撃を免れたからに他ならない。それはなぜか。スハルトは「運動」の決起を事前に知らされ、これに黙認を与えていたのである。

そしてスハルトは、ヤニ司令官ら陸軍首脳が「運動」傘下の部隊によって一掃された段階になってから「運動」の掃討に乗り出すことによって、事件発生の夜には陸軍の指令権を掌握したと宣言することができた。

スハルトに決起の予定を事前に知らせた「運動」の幹部、ラティフ中佐は九・三〇事件後、終身刑で収監されていたが、スハルト体制の崩壊後、次のように語った。スハルトは「殺害された将軍らがいる限り、自分の昇進の望みがないため計画を黙認したのだろう。スハルト氏は上官のヤニ陸軍参謀長に報告しなかった点で国軍を裏切り、また、弾圧した点で我々をも裏切った」(『朝日新聞』一九九八年八月四日)。

スカルノへの対応に苦慮していたアメリカやイギリス、あるいはインドネシア共産党の実権掌握を期待した中国などが、情報機関を通して事件に関与したのではないかとの憶測はなお根強いが、それを裏づけるような証拠は見つかっていないとされる。

その一方で、以上のような「定説」に反する証言が散見されることが、九・三〇事件の謎めいた印象を、一層深いものにしている。

事件発生時に日本の駐マレーシア大使であった甲斐文比古によれば、六五年五月にマレーシアのラーマン首相が訪日した際、次のような情報を甲斐に打ち明けた。この年の三月、ラーマンの下へインドネシア国軍の密使が訪れ、以下のような内容を伝えてきたというのである。

インドネシア国軍は近いうちにスカルノ政権と共産党を一掃する計画を持っていること、現段階での第三国によるマレーシア紛争の仲介は、中国寄りのスバンドリオ外相を通じて中国に筒抜けになっており、まとまる可能性はないこと、そしてマレーシア政府はインドネシア国軍の決起を待つようにというのである。

ラーマンはこの情報を甲斐から直接、佐藤首相に伝えるよう要請するとともに、スカルノ寄りの川島正次郎には絶対に話さないよう念を押した。さらにラーマンは情報の信憑性を示すため、この内容を記したマレーシア政府の公電を甲斐の下に届けさせた。

甲斐は単身で首相官邸に赴き、佐藤に報告したところ、「佐藤総理は公電の写しをじっと見て、「そうか、わかった」というように大きくうなずいた」という（甲斐文比古『国境を越えた友情』62―66頁）。

同時期に駐インドネシア大使であった斎藤鎮男も、甲斐の証言を事実であろうと述べている。またラーマンが同様の情報を英連邦諸国にも伝えていたことは、解禁された各国外交文書でも確認されている。

ラーマンの情報が事実であれば、陸軍のクーデター計画に先手を打ったという「九月三〇日運動」の主張に、根拠があったということになりかねない。このような経緯から、デヴィは後年、佐藤が事件の発生を知りながらスカルノを見殺しにしたと非難している。

またこれとは別に、インドネシア陸軍が九・三〇事件以前から、スカルノらの眼を偸《ぬす》んでマレーシア側と極秘チャンネルを構築し、紛争激化を防ぐための協議を重ねていたことが、関係者の回顧録などで明らかになっている。

だがこの極秘チャンネルの存在をラーマンは知らされていなかったとされ、これが前述の国軍の密使と重なるものなのかは判然としない。いずれにせよこの陸軍とマレーシア側との極秘チャンネルは、九・三〇事件後、インドネシア陸軍の主導によってマレーシア紛争が終結に向かう際に大きな役割を果たすことになる。

†「真珠湾以来の衝撃」

事件発生時にインドネシア駐在の米大使であったマーシャル・グリーンは、九・三〇事件は、アジアにおいて日本軍の真珠湾攻撃以来の衝撃的な出来事だったと述懐している。

確かに九・三〇事件発生直前の東南アジアは、「北京＝ジャカルタ枢軸」によって南北から挟み込まれようかという形勢であった。この構図をまさに文字通り、一夜にして突き崩したのが九・三〇事件であった。スカルノ後には共産党の実権掌握もあり得ると見えた「東南アジアの超大国」の行方が、一挙に不透明なものとなったのである。

この事件に米英中などが秘密裏に関与したのではないかと、いまだに根強くささやかれるのは、九・三〇事件がいかにその後のアジアの行方を大きく左右するものであったかを示している。米英の側からすれば、それはあまりに都合よく起きた事態であり、他方で中国からすれば取り返しのつかない痛手であった。

だが事件の衝撃は大きかったとはいえ、スカルノは依然として健在であった。共産党と国軍との微妙な均衡が破れた今、その帰趨がアジア秩序に直結するこの大国の実権を、スカルノが維持するのか、あるいは陸軍が取って代わるのか、この後、米英中、そして日本などを巻き込んで展開されることになる激しいせめぎ合いは、いわば脱植民地化の行方をめぐる攻防の最終章となっていく。

スカルノを支えることで「南進」を遂げたともいえる日本は、この九・三〇事件の発生という事態をどのように受けとめたのであろうか。ジャカルタ駐在の斎藤大使は、当初こそ相当の変化を予測したものの、徐々に事態はスカルノ主導で収拾されるとの見方に傾き、その判断をもとに日本政府は事件後一〇日ほどで、スカルノへ見舞いのメッセージを送った。

スカルノは「自分は大変元気ですからご安心ください」と日本語で答えたが、この時点でスカルノの無事を歓迎するメッセージを送ったのは、中国、ソ連、北ベトナム、北朝鮮など、共産側やそれに近い国ばかりであった。

九・三〇事件によって共産党は力を失い、インドネシア政治の力学は大きく陸軍に傾いた。とはいえ、長年にわたり国を率いてきたスカルノの政治的力量は卓越しており、事態がどう進展するのか、ジャカルタ駐在の外交団の間でも見解は様々であった。

日本政府内の対応も一様ではなかった。スカルノへ見舞いのメッセージを送る一方で、東京の外務省では事件発生から半月足らずの一〇月半ば、早くも陸軍側に対する援助の可否が検討され始めていた。そこではインドネシア情勢の鍵は、「軍部が治安を確保した上で国政を担当し得るかどうかにかかっている」とされた上で、「結局、軍としては経済不安に由来する社会不安を解消するための即効薬的外国援助を期待するほかない」とされた。

軍の実権掌握を期待し、それを後押しするための援助を考慮していることは明らかである。検討ではさらに軍部としても「北京＝ジャカルタ枢軸」の下での反米路線から、一転してアメリカに援助を求めるのは困難であり、またアメリカもベトナム戦争が本格化していることを踏まえれば余力はなく、結局、日本の援助こそが鍵になるとされた。

そして陸軍側に援助という形で「てこ入れ」を行うにしても、内政干渉という印象は「絶対に回避し」、あくまで合法政権へのてこ入れという「建前」をとらなければならない。また日本が陸軍側に偏向しているという印象を避けるため、スカルノ側にも援助の用意があることを伝えておくが、スカルノの「心理状態にかんがみ、わが方の推奨に彼が耳を傾ける可能性はない」と判断された（外務省外交記録）。

暫定的とはいえ、事件発生からいくらも経たない時点で陸軍側に対する支援策がこれほどすみやかに構想された背景には、外務省をはじめ日本政府内で、スカルノの急進的路線に対する違和感が相当に強まっていたことを示すものであったといえよう。

†佐藤栄作からの指示

その後もスカルノは、九・三〇事件は遺憾ではあるが、「真に偉大な革命の過程では起こることあるべき性質のもの」だと力説する一方で、共産党への非難を拒みつづけた。

スカルノは長い間、合理化と近代化によって着実に力をつける陸軍が、いずれ自分を追い落とすのではないかと疑ってきた。スカルノが共産党の勢力伸長を後押ししたのも、何よりも陸軍への対抗勢力を育てるためであったが、いまやその共産党も壊滅の瀬戸際にあった。独力で陸軍に対抗せざるをえない状況が、スカルノを一層頑《かたく》なにしていた。

日本大使の斎藤が期待したのは、スカルノが共産党を非合法化した上で、陸軍と和解するというシナリオであった。デヴィもスカルノに対して、「国父」としての地位を守るためにも、できるだけ早く共産党と手を切る必要を説き、スハルト、ナスティオンら陸軍首脳と和解する機会を設けるために奔走したが、結局、スカルノが聞き入れることはなかった。

それでも斎藤には、スカルノに見切りをつけることへの躊躇《ちゆうちよ》があった。二人の交友は、一九四二年に斎藤がジャワ派遣軍の軍政官として進駐し、インドネシア独立運動の輝ける指導者であったスカルノに接して以来のものであった。大使着任後はさらにデヴィを介する太いパイプが加わって、他国から「大統領宮殿への特別許可証」を持っていると揶揄されるほどであった。

だが、そのあまりに強固なつながりゆえに、九・三〇事件後の微妙な状況下にあって、ときに斎藤の判断がスカルノ寄りに傾きすぎているのではないかとの批判を東京で受けることにもなった。

一一月に帰国した斎藤に対し、佐藤首相は次のように指示した。「今後、ソ連の動きに注意して貰いたい。中共が後退してソ連が出てくるとなると、中ソの争いがインドネシアを舞台として行われることになり重大である」。「インドネシアの経済悪化は救ってやる必要がある」。「援助と同時に先方の資源たとえば石油、木材等の日本の権益が接収されたりすることのないように保証させることも考えてみて貰いたい。なお、この際民間にも大いに協力するように引張ってゆくことが大切で、嘗ては木下（木下産商――引用者）もあったが、今は三井（三井物産――引用者）が吸収したから、三井に協力してやるように話して欲しい」。「自分は兎に角共産主義には反対なので、インドネシアの指導者に、佐藤は共産主義は嫌いだから、共産主義だけははびこらせないで貰いたいといって貰いたい。自分の名前を出して差支えない」（外務省外交記録）。

共産主義勢力の払拭と、日本の経済的権益の確保・維持に重きを置く佐藤の見解は、九・三〇事件後の日本側の関心のありかを端的に示したものであった。

†米英の思惑

一方で、米英の対応はどうであったか。アメリカにとって対インドネシア政策の根幹は、何よりも共産化の防止にあった。この観点からすれば、左派の蜂起が潰滅《かいめつ》し、陸軍が治安維持の実権を握ったことは、きわめて歓迎すべき事態であった。しかし問題は、果たして陸軍が老練なスカルノを相手に、この有利な地位を維持できるかという点であった。そのスカルノは事件後、再三にわたって、九・三〇事件にアメリカが関与していると主張していた。アメリカが陸軍側をあからさまに支援すれば、事件はやはりアメリカの陰謀だったのかとスカルノの主張に根拠を与え、逆に陸軍の立場を弱めかねない。従ってアメリカにとって重要なのは、インドネシア国内の権力闘争に関与しているかに見えるのを極力回避すること、その一方でスハルトなど、陸軍内部で鍵となる人物に対して、要請さえあればアメリカはいつでも支援の用意があることを内々に伝えることだとされた。

陸軍の実権掌握を望みながら、アメリカ自らが支援すればかえって逆効果になる。この矛盾する状況にあって、アメリカが強い関心を抱いたのが日本の対インドネシア援助であった。

アメリカは、日本は「陸軍の共産党掃討作戦の成功によってもたらされる安定的で独立したインドネシアに死活的国益を有している」(米外交文書)ことから、陸軍から要請があれば積極的に応じるだろうと期待した。だが「日本は未だスカルノの催眠術にかけられ、スカルノを本質的に重要だと見なし、敵対することを恐れている」ことが懸念材料であった。

日本がスカルノ寄りに傾く可能性に神経質になっていたアメリカは、様々なルートで日本側の見解を探り、併せて自らの意向を伝える動きを始めた。ワシントンのほか、東京ではライシャワー大使が一時帰国中の斎藤と会談し、「インドネシア問題について日米連絡を密にして、今日の情勢（クーデター前より自由主義諸国に有利な情勢――引用者）を安定せしめる必要があること」で一致した。

その際、対インドネシア援助について斎藤が、日本はアメリカなど自由主義諸国と緊密に協議すべきだと述べると、ライシャワーは、現状ではアメリカが表に出ればむしろ逆効果なので、代わって日本が西ドイツ、オランダ、オーストラリア、そしてアメリカといった国々を「リード」すべきだと述べた。

これら種々の協議を通して日米間には、スカルノ側を利するような援助は行わないという点で、共通認識があることが確認されていった。だがその一方で、陸軍を後押しするための最重要の手立てである対インドネシア援助を、果たしてどの国が主導すべきなのか、それがインドネシア情勢をめぐる焦点として浮上してくることになる。

一連の事態を、日米とは異なる角度から注視していたのがイギリスである。イギリスにとって最大の関心事は、マレーシア紛争の泥沼から一刻も早く抜け出すことであり、その観点からすれば、事件後の展開は決して楽観できるものではなかった。

イギリスは、インドネシアがスカルノと陸軍の共存体制となった場合には、間違いなく「マレーシア粉砕」は継続されると予測した。他方、陸軍が実権を握れば紛争解決の見込みもあるが、逆に陸軍の下で国内統一を図るため、「マレーシア粉砕」が強化される恐れもあると見た。後者のシナリオは、マレーシアに対する本格的軍事作戦の発動という、イギリスにとって真の悪夢を意味する。

また反共を最重要視して陸軍に期待するアメリカと、一刻も早いマレーシア紛争の終結を望むイギリスとの立場の差異は、米英間に微妙な緊張を投げかけるものであった。アメリカは、マレーシア紛争の早期終結を狙うイギリスが、混乱に乗じてインドネシアに対する軍事攻撃に出るのではないかという疑念を抱いていた。インドネシア陸軍の共産党掃討作戦を背後から妨害するような攻撃は、アメリカからすれば容認しがたい。米英は協議の末、インドネシア共産党の壊滅を最優先するため、共産党を掃討している間は、英連邦側がインドネシアを攻撃することはないという保証を、インドネシア陸軍に対して極秘に伝えることで一致した。

またイギリスは、インドネシア陸軍に対する援助供与は、マレーシア紛争の終息と連動すべきだと強く主張していた。しかしイギリスから見ればアメリカ、そして日本は、何よりもインドネシアの反共を追求しており、マレーシア紛争の終結にはそれほど関心を払っていないように見えた。イギリスにとっては、援助供与と対決政策の終結を連動させるという自らの方針に各国、特にアメリカを引き込むことが是非とも必要であった。そのためイギリスは英米、オーストラリア、ニュージーランドの四カ国で対インドネシア政策を調整することが必要だと考え、その実現を関係国に働きかけていくことになる。

†大量殺戮と共産党の壊滅

九・三〇事件を鎮圧したスハルトは、つづいて全国的な共産党掃討を開始した。農村部では以前から、土地解放を強行する共産党勢力と、これに反発する地主やイスラム団体との対立が沸点に達しており、そこに軍が武器を与えたことなどもあって、共産党関係者への攻撃は大規模な殺戮となってインドネシア全土を覆った。

共産党首脳がスカルノによる政治的解決に期待をかけたこともあって、さしたる組織的抵抗もないまま、後年の軍の推計でも犠牲者およそ六〇万人という「二〇世紀最悪の大量虐殺のひとつ」（CIA報告書）に至ったのである。

東京の外務省にも、共産党勢力を反共側が「包囲攻撃し軍の銃撃に始まり民衆による放火殺人行われ同村は殆ど壊滅状態で死傷七〇〇〇人」、「全島に亘り放火殺人が行われ又行われつつあり全島の死傷者だけでも一万五〇〇〇」（いずれもバリ島）といった生々しい報告が寄せられている。

またインドネシア共産党の背後に中国の存在があった、あるいは共産党支持者に華人が多いとされたことから、中国大使館は焼き討ちされ、インドネシア国内の華人も攻撃の対象となった。中国政府は外交ルートや北京放送を通じて繰り返し抗議したが、かえって反感を招き、華人への攻撃を激化させるばかりであった。

しかしおよそ半年に及んだこの大量殺戮は、当時、ほとんど国際的反響を呼ぶことはなく、中国以外にはこれといった反応を示した国もなかった。各国の関係者は、直接的な情報を確認できなかったことなどを理由に挙げている。だが、アメリカのグリーン大使が、陸軍とスカルノ・共産党との熾烈な権力闘争の最中に殺戮中止を求めても、後者の側を利するだけだっただろうと洩らしたように、たとえ大量殺戮の実態を把握したとしても、それがインドネシアの左傾化を先導したインドネシア共産党の壊滅を確実にするものだったのであれば、日米政府などにとっては、黙認しうる悲劇だったということなのであろう。

「国父」たるスカルノは、陸軍に大量殺戮を止めるよう繰り返し命じたが、無視され、殺戮はつづいた。スカルノは、旧オランダ植民地という以外に共通項のないインドネシアの領域と人々を架橋し、ひとつの国家、ひとつの国民を創出することに生涯をかけた。しかしここに至って、自らが独立へと導き、すべてをかけたインドネシアの統合が、目の前で崩壊していくのを座視するしかなかった。

共産党が壊滅することで、スカルノの強大な権力と威信を支えた政治バランスは崩れ、陸軍はもはやスカルノの命令に従おうとはしなかった。スカルノがこれまで通りマレーシアとの対決やインドネシア革命の完遂を叫んでも、かつてのような国民的熱狂が呼び起こされることはもはやなかった。国民を魅了したスカルノの「魔法」は、いまや消え去ってしまった。

こうして陸軍は一九六五年末までにはインドネシア全土で共産党の掃討をほぼ終え、全国の治安を掌握するに至った。陸軍の側には、国民的信望のあったジョクジャカルタ王家のスルタン、ハメンク・ブオノ九世やテクノクラートも集まり始め、具体的な政策構想を練り始めていた。

陸軍を中心とした勢力が単にスカルノへの批判にとどまらず、スカルノに取って代わることを目指していることが明瞭になりつつあった。日本やアメリカが検討する、陸軍の実権掌握を後押しするための緊急援助を行う環境は整いつつあるように見えた。

†具体化する軍部への支援策

この間にも日本政府内では、時期が到来すればただちに対インドネシア援助に踏み切るべく、援助構想の具体化が進められていた。一一月初頭に策定された援助構想は、陸軍の実権掌握を日本が後押しする姿勢を明確に打ち出した上で、単なる二国間援助を超え、広く関係国を巻き込み、本格的な対インドネシア支援体制を築こうという大がかりなものであった。

そこでは日本が陸軍の実権掌握を後押しすることによって、「経済的利権を確保するとともに、進んで今後の経済関係増大の基盤を固められる利点がある」、また「自由諸国の主要な国が国交の円滑を欠いているインドネシアにおける特殊性から、日本がイニシアティヴをとることは自然であり、それが西欧各国よりもインドネシアから歓迎されると考えられる」とされた。

より具体的には、インドネシアの急進的民族主義や反植民地感情を考慮して、同国を国際的な管理下に置くような印象を避けるため、援助には世界銀行やIMFを介在させずに、「multi-lateral（多国間——引用者）援助の体裁は成る可く避け、イ側の自主的 approach に呼応した恰好をとる」。

また、援助供与国は日本の他、インドネシアと政治的な軋轢の少ない西独（現・ドイツ連邦共和国）、仏などをひとまず中心とし、同時にアメリカの支持を確保する。一方でインドネシア軍部には、経済再建策を策定する「ブレーン」の設置を求めることとした。

ここで重要な問題となったのは、援助開始のタイミングであった。日本側は、「現在イ国内で進行中の共産党追放運動が成果をあげるか否かは単にインドネシアの将来に重大な影響を及ぼすのみならず、広く東南アジア地域において共産主義が拡大するか否かの分かれ目ともなり得べき重大問題である。時機を逃さず本件緊急援助を行うことは東南アジア共産主義蔓延防止のため効果的な布石となろう」と、日本の援助の国際的意義・重要性を掲げた。しかし、肝心のインドネシア陸軍首脳からは、日本の援助がスカルノ側に取り込まれてしまう可能性を危惧していることが伝えられていたのである。

結局、日本が援助を供与するタイミングとしては、「陸軍側の中央行政府における指揮権が確立された時機を捉えることが肝要」であり、「かかる時機の目安としては、スバンドリオ副首相の追放が実現する時と考えるほかない」（外務省外交記録）との結論が示された。

この頃、スカルノ側からも援助を求める要請が日本政府に届いていたが、これを承認しないことも決定された。ジャカルタの斎藤も、陸軍との和解を拒むスカルノに見切りをつけつつあった。スカルノに距離を置く日本政府の姿勢は、もはや公然たるものになっていた。

スカルノと陸軍とのにらみ合いがつづいたまま、一九六五年も末になると、インドネシア経済はいよいよ逼迫し、外貨も尽き始めた。これに伴って、対日貿易においてもインドネシア側の焦げ付き額が急増した。そしてついに一二月末、インドネシア国立銀行からの外貨送金が途絶えて輸出代金の回収が不可能になったとして、日本のインドネシア向け輸出保険が停止された。

これによって、日本・インドネシア間の貿易が事実上停止する事態に陥った。日本外務省はインドネシアとの関係を重視する見地から、輸出保険停止という強い措置は避けるよう主張したが、本来のルールを適応すべきだという大蔵省、通産省の意向が通った形であった。

貿易保険の停止という強い措置に踏み切ったのは日本が最初だったとはいえ、インドネシアは、西欧諸国やソ連・東欧諸国とも同様の債務遅滞問題を抱えており、モラトリアム(支払い猶予)など抜本的な措置がとられなければ、対外貿易が早晩行き詰まり、インドネシア経済は破綻しかねない。

対インドネシア支援問題は日本にとって、貿易の停止という予想外の事態によって、にわかに切迫した問題となった。左派の筆頭・スバンドリオの追放という日本が期待したシナリオよりも先に、経済情勢がこれ以上放置できない危機に陥ったのである。

インドネシアの経済状態の実態を探るため、日本外務省から幹部職員が派遣されたが、中央銀行であるインドネシア銀行ですら、対外債務状況の基礎となる数字の把握をめぐって混乱している状況であった。

視察の結果、「当国経済が通常の手段では回復できないようなところまで悪化しており、抜本的解決を必要とする」一方で、インドネシア政府の経済政策部門は、「その日暮らしで、皆がいわゆる政治解決を待っている状態」であり、「このような状況では新規借款供与のための計画立案は困難である」と報告された。

インドネシアとの貿易を再開するためには新規借款の供与が必要だが、そのためには、日本国内で大蔵省などの了解を得るためにも、説得力のある経済再建計画がインドネシア側から示される必要があった。だが官僚機構も、スカルノ対陸軍の権力闘争の行方を見守るしかないインドネシアの政治状況では、腰を据えた経済再建計画など望むべくもなかった。

加えてインドネシア陸軍からは引きつづき、スカルノとの権力闘争がつづく現状では、日本からの援助を望まないとの意向が伝えられていた。とはいえその一方で、日本国内の貿易業、繊維業など、対インドネシア貿易に大きく依存している業界からは、インドネシアとの貿易再開を望む声が強まっていた。

アメリカは、国内産業界から圧力を受けた日本政府が、陸軍の意向に反してでも対インドネシア援助の実施に踏み切ることを警戒した。現に日本政府内では、国内業者の救済を主眼に、貿易再開を可能にするための対インドネシア支援策が検討されはじめていた。インドネシアをめぐる日米協調も、ここに来て揺らぐかに見えた。

†スカルノ――反撃の失敗と凋落

その矢先、インドネシアの政治状況が大きく動いた。しかし、それは日本やアメリカが望んだ方向とは逆にであった。二月二一日、スカルノは、陸軍中枢の一人であるナスティオンを国防調整相から解任した。スカルノは「捨て身的反撃」(日本外務省)によって陸軍と全面対決に出る道を選んだのである。

しかし、このスカルノの決断は、インドネシア国内で強い反発を呼び起こすことになった。大統領官邸を包囲するデモ隊は軍部を後ろ盾として勢いを増し、その矛先を反スバンドリオから反スカルノに変えつつあった。ジャカルタ市内が騒然とした空気に包まれる中、三月一一日、大統領官邸で閣議を開いていたスカルノに、所属不明の部隊が官邸を包囲しているとの報告が届いた。つづけて、その目的がスバンドリオの逮捕にあるという情報が入ると、スカルノはスバンドリオら左派系閣僚とともに、ヘリコプターでボゴールの離宮に脱出した。

スハルトは、スカルノを追うように腹心の将軍三人をボゴールに派遣し、共産党の解散、内閣改造、物価引き下げを受け入れることを迫ると、次いで大統領権限のスハルトへの委譲を求め、同時にスカルノの身の安全は保障することを告げた。抵抗を続けたスカルノも、夕刻までにはこれらの要求に応じる「三・一一命令」と呼ばれることになる大統領命令書に署名せざるを得なかった。陸軍による事実上の無血クーデターであった。

スハルトは間髪を入れずに翌日には共産党を非合法化し、つづけてスバンドリオら左派系閣僚一五人の逮捕を決定する一方で、自らの意向を反映させた新内閣を発足させた。スカルノはそこまでの措置は認めていないと抗議したが、無駄であった。

この一連の出来事に対し、軍部による実権掌握を強く望んできた日本政府は、「経済困難への対策を等閑に付し「石をかじってもインドネシア革命を達成せよ」と呼号しつつ、記念碑や壮大な非実用的建築に象徴される実質を伴わない掛け声だけのスカルノ政治路線はインドネシア大衆一般の支持を失い、今や過去のものとなりつつあるというべきである」（外務省外交記録）と、スカルノの凋落をあからさまに歓迎した。

インドネシア陸軍は実権を掌握すると、ただちに日本政府に緊急援助の供与を要請した。これを受けて日本政府は、緊急援助の第一弾としてコメと衣料の供給を決めた。軍部による実権掌握がインドネシアの一般国民に歓迎されるためには、市民生活の目に見える改善が重要であり、そのためにはコメと衣料に即効的効果があると見られたのである。

しかし、実権を掌握したばかりの陸軍にとっては、日本からの援助が大々的に供与されることは、依然として左派からの批判を招く危険があった。検討の結果、ジャワ島中部で起きた大規模な洪水への見舞いを、日本赤十字社が無償援助で行う形をとることになった。

この日本の緊急援助の決定がさきがけとなる形で、アメリカはじめ各国も緊急援助に乗り出した。各国からの援助が届き始める中、左派勢力を一掃し、軍部主導で発足したインドネシアの新内閣は、国内経済の再建を最優先課題として打ち出した。

だが、破綻に瀕したインドネシア経済を再建するためには、日本や欧米諸国ばかりでなく、スカルノ政権下で関係を深めていたソ連・東欧諸国にまで広がる膨大な債務を、どのような枠組みで処理するのかという問題が、避けて通れない難題として立ちはだかることになる。それは、スカルノと決別したインドネシアとの間で、我こそは有利な関係を築こうとする各国の利害と思惑が交錯する、新たな駆け引きの始まりであった。

†イギリス――最後の模索

上述のように日米はインドネシア軍部による実権掌握を望み、日本はそれを後押しするための援助に踏み切るタイミングを慎重に見計らっていた。一方で、そのような日米の対インドネシア政策に懸念を深めていたのが、イギリスである。マレーシア紛争の終結を最優先課題とし、対インドネシア支援はマレーシア紛争の終結と連動させるべきだと考えるイギリスは、自らの方針にアメリカ、オーストラリア、ニュージーランドを引き込むべく、九・三〇事件発生から二カ月あまりを経た一一月、この四カ国による協議開催を呼びかけた。

アメリカは、対インドネシア支援で中軸を担うべきだと考えた日本を、この協議に加えようとしたが、イギリスの強い反対に直面する。英米豪など四カ国が集まって、この四カ国にとって有利な方針を策定することこそが協議の目的なのであり、日本にはこの協議の存在自体を知らせる必要がない。それが英外務省の見解であった。

イギリスにとって最も近しい英語圏の同盟国間で基本方針を事前にすりあわせて共有し、そのことによって、以後の事態における優位を確保したい、それがイギリスの狙いだったのであり、そこで日本はあくまで部外者であった。

結局、アメリカも日本を招くことには固執はしなかった。この協議開催に際して、アメリカが最も神経を使ったのは、協議の存在自体を極秘にすることであった。米英など英語圏諸国が集う、いわば「白人のクラブ」がインドネシアの扱い方を検討するというこの協議は、もしインドネシアに知られれば、その敏感なナショナリズム感情に火をつけることは明らかであった。アメリカは、日本の参加は秘密保持の点で難があると判断したのである。

一二月初頭、ロンドンで極秘に開催された四カ国協議でイギリスは、英米がインドネシア軍部首脳と接触して、マレーシア紛争に対する彼らの真意を探るべきだと主張した。もし彼らがマレーシアとの対決政策を強化するつもりであれば、軍事的圧力を強化してでも対決政策を中止させるべきだというのがイギリスの考えであった。イギリスは、軍事的強硬策を視野に入れてでも、一刻も早くこの紛争の泥沼から抜け出さなくてはならなかったのである。

だが、アメリカなど他の三カ国は消極的であった。スカルノとの権力闘争がつづいている最中に、米英がインドネシア軍部と接触することは賢明ではなく、時機が来るまで待つべきだという見解が大勢であった。この反応を前にイギリスは、米豪などはマレーシア紛争がつづく方が、自国にとって都合がよいと考えているのではないかとの疑念を抱く。

財政難にあえぐイギリスは、この頃、シンガポール基地からの撤退検討を加速させていた。だが、ベトナム戦争を戦っているアメリカ、そしてベトナムに派兵するオーストラリアも、その最中にシンガポール撤退という形で、東南アジアからイギリスの軍事的プレゼンスが消滅することを強く危惧し、これに反対していた。

米豪は、英軍をシンガポールに引き留めておくためには、マレーシア紛争が低レベルの軍事紛争として継続する方が好ましいと考えているのではないか、そうイギリスは疑ったのである。

結局、望むような成果を挙げられなかったイギリスは、アメリカにとってマレーシア紛争の終息は「軽微で二次的な問題だ」（英外交文書）ということを、はっきりと悟らされることとなった。現に、反共に重きをおくアメリカは、イギリスと歩調を合わせることよりも、インドネシア軍部に援助を行いうる日本や西ドイツとの連携に関心を傾けていくのである。

英米豪ニュージーランドという、いわば「身内」でこの地域を仕切り、それを通して自国の利益も確保しようとするイギリスの戦略は、シンガポールからの撤退問題がイギリスの立場を弱めたことに象徴されるように、自らの退潮によって、その基盤を失いつつあった。

イギリスが長らくアジアにおける拠点としてきたシンガポールで英軍極東司令部を解散したのは、それから六年後の、一九七一年のことであった。

その後、マレーシア紛争は、イギリスの懸念とは裏腹に、「三・一一命令」によってインドネシア軍部が実権を掌握すると、終息に向けて急速に動き始めた。新たにインドネシア外相に就任したアダム・マリクとマレーシア側が協議を重ね、九・三〇事件以前からマレーシア側と接触をつづけてきたインドネシア軍部がこれを支えた。

スカルノは、マレーシアとの対決政策は中止しないとして激怒したが、スハルトら陸軍首脳の支持を確認したマリクは、関係正常化を推し進めていった。そして一九六六年八月、正式に和平協定が調印され、ここにマレーシア紛争は終結した。

その後、インドネシアとマレーシアの間では、六七年三月に国境地帯共同安全保障条約、同年五月には貿易正常化協定などが結ばれ、関係正常化が進められていった。

一九六七年八月には、ASEAN（東南アジア諸国連合）が設立された。スカルノの凋落と、それに伴うマレーシアとの和解なしにはあり得なかった、新たな地域機構の発足であった。「独立の完遂」に生涯をかけた民族主義者スカルノ、そして、その標的となった植民地支配国イギリスが、ともに姿を消した東南アジアの海に、新しい時代の風が吹き渡ろうとしていた。

†インドネシア債権国会議をめぐって

九・三〇事件後のインドネシアの混乱は、政治面では陸軍による実権掌握によって決着を見たものの、経済情勢はなお悪化の一途を辿っていた。

スカルノ体制下で物資の供給を伴わないまま通貨が乱発されたため、一九六五年には一般物価は前年の五倍、コメは九倍という悪性のインフレが発生していた。対外債務も六五年には二三億五〇〇〇万ドルに及んだが、それらは生産設備にほとんど回されなかったため、六六年前半の生産量は、設備能力の二〇パーセントを下回る状態であった。経済的危機は一過性のものではなく、スカルノ政権下からの積み重ねの上に発生した、構造的なものであった。

スカルノはあくまで、「革命のロマン」に生きた政治家であった。だが、その革命のロマンが霧散した後には、宴の後さながらに膨大な債務と経済危機が残されたのである。この「負の遺産」をいかに解消し、インドネシア経済を再生の軌道に乗せるのか。西側諸国ばかりでなく、スカルノの中立主義を反映して、ソ連・東欧諸国の債権も多くを占めていただけに、問題解決の枠組みも必然的に国際的、かつ大がかりなものにならざるを得なかった。

そこで問題となったのが、債権の整理を含めた対インドネシア援助を、各国が二国間で行うのか、それとも多国間によるコンソーシアム方式で行うのかということであった。日本は各国が歩調を合わせるコンソーシアム方式を志向して積極的に動くことになるが、その背後には日本固有の事情があった。

インドネシアの債務返済の遅滞、輸出保険の停止によって、日本の対インドネシア貿易は停止に陥っていたが、この状況を打開して貿易を再開するための有力な手段が、インドネシアに債権返済の繰り延べを認めるリファイナンスであった。

だが、日本の対インドネシア債権の多くを占める日本輸出入銀行の融資についてリファイナンスを実施するためには、輸銀法によって、他の主要債権国も同様の措置をとることが条件だと定められていたのである。対インドネシア貿易を本格的に再開するためにも、日本は早々に、他の債権国との協議に乗り出す必要に迫られていたのである。

しかし、日本から対インドネシア債権について協議を持ちかけられた各国は、「各国共同であたることでせっかく改善の兆しのあるインドネシアとの関係を傷つけたくない」（オランダ）、「日本の輸銀法のような規定はないので、インドネシアと二国間で問題を処理することができる」（西独）と、必ずしも乗り気ではなかった。

それに加えて、日本が自国の債権の多くを占める短期借款を優先して払うようにインドネシア側に求めていたことに対し、中長期の借款が多くを占めていた西欧諸国は、強く反発していた。

このように債権国間の協議は、当初から各国の実利をかけた駆け引きの場となる気配を見せていた。二国間でいくのか、それともコンソーシアム方式か、対インドネシア経済支援の枠組みをめぐる各国間の駆け引きは、容易にまとまる気配を見せなかった。

その中にあってアメリカは、かねてからインドネシアに対する本格的な援助は、多国間によるマルチな枠組みでのみ、有効に作用するという立場であった。各国が各々の利害で動きがちな二国間援助では、スカルノ体制下で膨張した政府機構の縮小・効率化など、インドネシア経済の抜本的な再建を遂行することは難しいと考えていたのである。

しかしながら、アメリカ自身はこの問題で主導権をとることをせず、代わって日本に、コンソーシアム方式による債権国会議を招集するよう促した。反米姿勢の明確なスカルノは実権を失ったとはいえ依然として大統領の地位にあったし、陸軍のアメリカに対する姿勢にも不透明な部分が残っていた。アメリカ自身が表に出ることには、依然としてリスクがあると考えられたのである。

ヨーロッパではイギリスが西独に対して、この問題を主導するよう促したものの反応は消極的であった。このような中、日本政府は、インドネシア債権国会議を東京で開催する方針を固める。実現すれば、日本が呼びかけて招集する戦後初の大規模な国際会議である。

だが、西欧には態度が不透明な国も少なくないだけに、日本政府内には、日本が呼びかけて本当にこの種の会議が実現するのかという不安も見え隠れしていた。これに対してアメリカは、日本による会議招集を支持するだけでなく、側面からも支援する姿勢を明確にした。

日本から打診を受けた西欧諸国は、各々の利害もあってまとまらなかったが、それでも債権国会議自体には、次第に前向きの姿勢を見せるようになっていた。その背後には、各国に参加を促すアメリカの意向が作用していたことは否めない。一九六六年五月頃には、アメリカにつづいて西独、オランダも債権国会議による問題解決を支持することを表明した。またソ連・東欧諸国は、この会議には含めないことで固まりつつあった。

†「地道な開発につかしめる好機」

日本外務省では、債権国会議の具体的方針を策定する作業が始まっていたが、そこには一種の高揚感を見て取ることができる。すなわち、東南アジアの戦乱は「究極的には経済開発の遅れと相互不信に根ざすと考えられる」が、「賠償等を除いては東南アジア諸国に対し、みるべき資金協力が行われておらず、大部分の国は賠償等の終了も近づいており、アジアの唯一の先進国たるわが国に経済協力を強く期待している」。それとともに「最近の国際情勢をみると低開発国においては国内開発を無視するタイプの政治が後退しているので、これら諸国を地道な開発につかしめる好機である」と論じるのである。

そこには、かつてバンドン会議で、奔騰するアジアのナショナリズムを前に戸惑い、立ちすくんだ日本の姿はない。国内において高度成長を確かなものにした日本は、自らを「アジアの唯一の先進国」と迷いなく規定した。そしてその自信は、アジアで「国内開発を無視するタイプの政治が後退」しており、それを「地道な開発につかしめる好機」と見る判断と表裏を成すものであった。

かつてバンドンに結実した「独立」を希求するアジアは、いまやその前提であった植民地主義が衰退することで求心力を失い、スカルノに代表される、独立の完遂を何より追い求めた「建国の父」たちは、アジア全域で退場しつつあった。

自国にとっての経済的地平の拡大を追求し、同時に、経済開発こそがアジア安定の鍵だと認識する日本にとって、そのような状況は、アジアに経済開発の波を広げていく好機と見えたのである。そこにみなぎる自信と高揚感は、アジアが「脱植民地化から開発へ」という大きな歴史的転換を迎えつつあるのを前に、日本がその趨勢の本流を摑んでいるという潜在的意識を反映したものであったといえよう。

なかでも鍵となると見なされたのが、やはりインドネシアであった。外務省当局者は次のように論じる。「わが国とインドネシアとの関係は、同じく東南アジアで注視の的となっているヴィエトナムのそれと比較して見て、種々の理由から遥かに緊密なものがあり、誇張はあるが米国がヴィエトナムを抱えているのに対しわが国はインドネシアを抱えているの観があり、又その意義がある」。

振り返ってみれば、「スカルノ路線が極端に北京に接近の距離を縮めつつあってわが国としてはインドネシアとは「とても附合いきれない」との印象を有していたときでさえもより長期的視野に立って辛抱強く地道に同国と自由陣営との結びつき保持の努力を続けてきた。かかる努力が報いられ、スペクタキュラーな浸透工作を続けきたった中共のインドネシアにおける地歩が一挙に瓦解するや、同地におけるわが国のプレゼンスが大きな意味をもち一躍国際的な脚光を浴びるに至り、同国に対するわが国の影響力ひいては東南アジア地域全般に安定をもたらす上に多大な寄与をなし得る時がきたとみても過言ではなくなった」。

だが、同時に日本は、自らの力の限界も認識していた。「もとより、わが国一国でインドネシアの面倒をみきれるものでもなく、米国をはじめとする自由諸国の協力が必要であるので、かかる協調体制のためのイニシアティヴを進んでわが国がとるべきである」(外務省外交記録)。その「かかる協調体制」こそが、インドネシア債権国会議だったのであり、この会議は日本にとって、欧米諸国をインドネシア支援に引き込むための契機だと捉えられたのである。

†「開発の時代」の到来

一九六六年九月、インドネシア債権国会議は東京で幕を開けた。出席国は、日、米、英、仏、西独、イタリア、オランダ、オーストラリアなど、一一カ国であった。会議では日本が、協議に時間を要すると見られた長期的債務の返済枠組みとは別に、早期に期限の到来する短期的債務の返済をまず猶予し、併せて新たな借款供与が必要だと訴えたのに対し、西欧諸国は新たな借款供与よりも、債務返済方法を具体化する方が先だと主張した。新たな借款供与でインドネシアとの経済関係を活性化させたい日本と、スカルノ時代から累積した債務の処理を優先したい西欧諸国との思惑の違いが、早くも表面化した形であった。

会議は、日本が主張する新規借款の受け皿となるべきインドネシア政府の経済計画が説得力を欠いたこともあって難航したが、結局、翌六七年末までに期限が来る債務について、暫定的に返済延期を認めることで原則的合意に達した。そして残った課題については、同年一二月に、パリでひきつづき協議することとなった。最終的に、スハルト新体制発足以前の債務について返済方法が合意に達したのは、一九七〇年のことであった。

インドネシア債権国会議の重要性は、むしろ政治的な側面にあったというべきであろう。会議は閉会に際して共同コミュニケを発表し、参集した債権国は、「インドネシアの巨大な債務負担が緩和されることが緊急に必要であることを認め」、同時に「インドネシア経済の回復力、インドネシア政府の経済再建計画を実行せんとする決意、ならびに現金決済方法による正常貿易が早急に拡大するであろうとの見通しについて、信頼をよせている旨を表明した」。

それはベトナム戦争の激化が世界の耳目を集める傍らで、もうひとつの焦点であった海域アジアの要・インドネシアにおいて、西側諸国が、中国をはじめ共産主義勢力と決別した軍部主導の新体制が発足したことの重要性を改めて確認し、事態を後戻りさせず、安定させるためには支援を惜しまないという政治的意志の表明であった。

このインドネシア債権国会議で形作られた、西側諸国によるインドネシア支援の枠組みは、やがてスハルト体制下で本格的に起動するインドネシアの「開発」を国際的に支える仕組みへと発展していくのである。

インドネシアに典型的にあらわれたように、「独立の完遂」に代わって、「開発の遂行」を最優先に掲げる新しいタイプの政治＝「開発体制」は、一九六〇年代後半から東南アジア各国で広がりを見せるようになるが、この体制を構築・推進するには、外国からの援助と民間資本の導入が欠くことのできない二本柱であった。

スハルト政権下で構築された開発体制を推進する上で、国際的支援体制という「器」を与えることになったのが、インドネシア債権国会議の枠組みであり、その器の中身の多くを満たすことになったのが、日本企業の進出と日本政府の援助であった。

日本で対外直接投資が段階的に自由化され、日本企業の海外進出が本格化すると、日本の東南アジア向け投資額は、一九七〇年代前半には、一九六〇年代後半に比べて九倍以上という爆発的な伸びを見せた。

その一方で、一九六五年以降に急増する日本政府の対外援助も、その大半はアジアに振り向けられた。その中でも最大の受け取り国はインドネシアであり、その額は二〇〇一年までの累計で一八二・二三億ドルと、二位の中国（一五九・三四億ドル）、三位のフィリピン（九四・四二億ドル）を大きく引き離している。

これをインドネシア側からみるならば、インドネシアが受け取った政府開発援助の半分近くを日本一国が供与し、開発予算の少なからぬ部分を占めるということになる。その意味で、スハルト体制下の「開発」は、日本からの援助なしには遂行され得なかったといっても過言ではあるまい。

日本とインドネシアとの実体経済面での結びつきが、一九七〇年代に入って急速に深まったことは、スハルト新体制の成立によって、日本が求めつづけてきたものが満たされたことを意味したのだといえよう。

それは統一され安定した、そして政治的イデオロギーよりも経済を重視した国家建設に重きを置くインドネシアであり、同様の潮流が海域アジア全体に広がっていく上でも、その中枢を占めるインドネシアの安定は、絶対的な前提であった。日本が最大の援助を営々とこの国に注いできた意味も、そこにあったのだといえよう。

スハルト体制下の開発路線が軌道に乗りつつあった一九七〇年六月、スカルノの訃報が伝えられた。享年六九歳。実権を奪われたスカルノは、軍部から国外亡命を促されたが、これを拒み、祖国にとどまる道を選んだ。しかし、スカルノを待ち受けた運命は苛酷であった。大統領宮殿を追われ、やがて大統領・国家元首の称号も剝奪された。スハルトが六八年三月、正式にインドネシア共和国第二代大統領に就く一方で、スカルノは孤独と困窮のうちに世を去った。

九・三〇事件後、スカルノは自らの主張を曲げ、共産党を非難し、陸軍と妥協さえすれば、たとえ象徴的なものになったにせよ、大統領の座にとどまることもできたであろう。だがスカルノは、起伏に富むその政治的歩みの最後で妥協を拒み、自らの主張を貫くことを選んだ。

しかし、亡命を拒み、困窮のうちに祖国で死ぬことを選んだスカルノは、そのことによって、「殉教者」のイメージをまとうことになる。そうであればこそ、それから三十余年を経て、アジア通貨危機をきっかけにスハルト体制が破綻に瀕するや、人々はスカルノが遺した長女・メガワティにスカルノの面影を想起し、熱狂のうちに彼女を大統領の座にまで押し上げたのであった。

†「あるべきアジア」をめぐる攻防

ここまで追ってきたアジア秩序の行方をめぐる各国のせめぎ合いは、単なる勢力争いではなく、それぞれに「あるべきアジア像」を内包していたがゆえのせめぎ合いであった。すなわち、冷戦下にあって「共産主義か、否か」を基準としてあるべきアジアを追求したアメリカ、脱植民地化の潮流に洗われながらも、「非公式帝国」を構築することでそれを「穏健」なものにとどめようと模索したイギリス、それらに対して、共産主義によってアジアを導こうとしたのが中国であった。

それでは、この「冷戦」（米）、「植民地主義」（英）、「革命」（中国）というアジアの前途をめぐるせめぎ合いの中で、日本とはいかなる存在であったのか。

戦後日本がアジアに求めたのは、何よりも自らの経済的地平の拡大であった。だがそれは同時に、「冷戦か、革命か」で分断され、戦乱にあえぐアジアの未来を切り開くのは、政治的イデオロギーではなく、「開発」を通した経済成長なのだという信念であった。その底流には、階級対立として捉えうる問題を、経済成長によって発展的に解消するという、戦後日本自身の歩みを支えた一種の「世界観」が潜んでいたのだといえよう。

ここまで辿ってきた戦後日本の「南進」の軌跡を振り返るとき、アメリカが内戦に介入する中でのインドネシア賠償、イギリスの反発を押し切って進めたマレーシア紛争仲介、その最終段階で浮上した中国との綱引きと、日本は「冷戦」、「革命」、そして「脱植民地化」を穏健なものにとどめる試みのいずれとも、対抗する動きを繰り広げたことが見てとれる。

これら諸勢力が、それぞれの「あるべきアジア」を求めてせめぎ合いを繰り広げたのは、次々と独立を果たす新興国の行方こそが、アジアの前途を決定づけると見ればこそだったのであり、それはつまるところ、「脱植民地化の行方をめぐる攻防」であった。

だが、「脱植民地化」が、いかに戦後アジアを根底で動かす巨大なエネルギーであったとしても、それはあらかじめ終わることを運命づけられていた。植民地支配という現実があればこそ、「独立の希求」は、強烈な求心力を持ちうる。

脱植民地化が世界的なうねりとなることによって、一九六〇年代末から七〇年代はじめには、領域支配という本来の意味での植民地支配は世界の大半から姿を消すことになる。そして植民地支配という現実が姿を消したとき、「独立の希求」は、勝ち取った独立の中身をいかなる内実で満たすのかという新たな課題に取って代わられることになったのである。

日本がいくら「開発」を志向したとしても、それをアジアに広めるだけの力があったわけではない。日本が心血を注いだスカルノのインドネシアですら、最終的には、「北京＝ジャカルタ枢軸」の側を選んだ。日本は、米英中と並ぶような大状況を作り出す存在ではなかったと見るのが適切なのかもしれない。

だが、米英中の試みとて結局実現することはなく、その一方で、脱植民地化の完遂をひとつの契機として、「開発」という新たな潮流がアジアを広く覆い始める。「脱植民地化から開発へ」という戦後アジアの歴史の主軸は、アジアそれ自体が内包した力学によって、形作られたというべきなのであろう。

†転換点としての一九六五年

そして「脱植民地化から開発へ」、あるいは「政治」から「経済」へという戦後アジアの巨大な変容を振り返るとき、一九六五年という年がひとつの転換点、あるいは少なくとも転換の始まりを成した年であったことが浮かび上がる。

この年三月には、アメリカがベトナムに米軍地上兵力の投入を開始し、年末までには一八万人、やがて最大時には五四万人が投入され、ベトナム戦争は一気に全面戦争へとエスカレートする。その一方で六月には、前章で触れたようにアルジェリアで起きたクーデターによって、第二回アジア・アフリカ会議（アルジェ会議）が流会、そして九月末には九・三〇事件が発生、「北京＝ジャカルタ枢軸」は一夜にして大きく挫かれることになった。

一連の出来事から読みとることができるのは、ひとつには反植民地主義と共産主義が結びついた国際的な急進的左派勢力の大幅な後退である。それはベトナムへの本格的軍事介入を開始したアメリカにとって有利となるものであったがゆえに、アルジェリアとインドネシア、二つの政変へのCIAの関与が噂されることにもなった。

「反植民地主義」を掲げる勢力が失墜したことで、アジアはこれ以降、共産主義諸国と、親米・反共の立場をとる国々とに二極分化されていったと見ることもできよう（末廣昭「東南アジア経済論」、東京大学社会科学研究所編『現代日本社会　3　国際比較（2）』）。

だが、この左派勢力の失墜が持ったより深い意味は、「独立」と「革命」が分岐しはじめたことにあったといえるのではないか。

戦後アジアの共産主義は、何よりも植民地支配からの独立を目指すうねりと結びつくことによって、強固な足場と広がりを獲得した。しかし、脱植民地化の進展によって「独立」が達成されたとき、「革命」は、スカルノに代表されるような「独立」と「革命」を一身に架橋する指導者の退場によって、退潮を余儀なくされたのであった。

その一方で全面戦争化したベトナムでは、「革命」が「独立」と結びついたときの強靭さを、アメリカの「冷戦」の論理に対して痛烈に知らしめる。しかしここでも、やがてサイゴン陥落後に社会主義化が進められると、事態の混迷によって「独立」完遂後の「革命」の困難さが示されることになる。

一方、北東アジアに目を移せば、一九六五年六月に日韓基本条約が締結され、戦後二〇年を経て日韓の関係正常化がようやく実現した。その背後には、ベトナム戦争を抱え、アジアにおける同盟国間の連携を強化したいアメリカの意向があったという意味で、それは冷戦の論理に沿った動きであったといえる。

だが、日韓の国交正常化は他方で、韓国にとっての「脱植民地化」にひとつの区切りをもたらすものでもあった。建国後の韓国にとっては、「日本」の払拭こそが「脱植民地化」だったのであり、それゆえ対日関係の構築は、ナショナリズムに直結する容易ならざる課題であった。

激しい反日ナショナリズムを前面に出した李承晩《イスンマン》政権を経た後、朴正熙《パクチョンヒ》政権が、韓国国内の激しい反対を押し切ってでも対日国交正常化を断行したことは、対日関係という韓国にとっての「脱植民地化」が、ひとつの節目を迎えたことを意味したのだといえよう。

これらの動きを、観点を変えて日本から見るならば、一九六五年は対韓国、そして「北京＝ジャカルタ枢軸」が頓挫し、スハルト体制へ移行していくインドネシアと、日本の対アジア関与を、その幅と深さで大きく広げることになった年であった。

確かにそれは、朴正熙、スハルトという、「独立」に代わって「反共」を掲げた軍事政権との連携であり、その意味で冷戦体制の強化という文脈に沿ったものであった。だがそれは同時に、日本からの多大な経済援助をひとつの足がかりとして、それぞれの国において「開発体制」が始動し始める端緒ともなった。

「脱植民地化」の完遂は、「独立」と「革命」との蜜月に終焉をもたらす一方、独立完遂後の国造りは、冷戦の論理と結びつく形で、「開発」に委ねられる気配を見せ始めていた。一九六五年に現れたこの変容の兆しは、アメリカの冷戦の論理が、ベトナムのおそらくは「革命」ではなく、「独立」のエネルギーの前に敗れ去った後、一層その姿を明瞭にし始める。アジアにおける「開発」の時代の全面的な到来である。

だが、「政治」から「経済」へという戦後アジアの変容を語るためには、やはり、もう一つの主軸であったアジア冷戦の顚末について触れておかねばなるまい。すなわち「ニクソン・ショック」として知られる劇的な米中接近である。

第5章

アジア冷戦の溶解
――米中接近と「中国問題」の浮上

総裁を選出する自民党大会終了後、互いの健闘をたたえる田中角栄・新総裁（右）と敗れた福田赳夫外相（1972年7月5日、首相官邸、写真提供＝共同通信社）。

†米中の「手打ち」、冷戦と革命の放棄

「本日午後には特別ニュースがあります……あなたが行方不明になりました」。パキスタン訪問中に、腹痛のため休養に入るという名目を用い、世界の目を欺いて極秘裏に北京に飛んだキッシンジャー米大統領特別補佐官に対して、対面した周恩来首相が発した最初の一言であった(『周恩来キッシンジャー機密会談録』3頁)。一九七一年七月九日、それは長きにわたって対立してきたアメリカと中国が、握手を交わした歴史的な瞬間であった。振り返ってみれば一九五四年、朝鮮戦争とインドシナ紛争の解決を協議するために開かれたジュネーブ会議において、ダレス米国務長官は、手を差し出した周恩来との握手を拒否した。

それはアジアの大国として颯爽とジュネーブに登場した中国の存在を、アメリカは頑として認めないという意志の表れであった。ダレスの対応は、その後、長く外交に携わった周恩来にとっても忘れがたい屈辱だったのであろう。キッシンジャーとの会談で周は、ダレスが握手を拒否した一件に、一度ならず言及した。

戦後アジアの国際政治にクライマックスがあったとすれば、ニクソンとキッシンジャー、そして毛沢東と周恩来が演出した米中接近は、サイゴン陥落と並んでその頂点を成すものであろう。

一九七一年の夏に明らかになった米中の接近は、秘密裏に進められたプロセスとも相まって、世界に大きな衝撃を与えた。アジア冷戦の中核を成してきたのは米中の敵対関係であっただけに、「アジア冷戦」は、ここに終わりを告げたと見ることも可能かもしれない(この後のソ連と日米中の対立を、「アジア冷戦」の延長として捉えるか否かによって、立場は分かれるであろう)。

いずれにせよ、キッシンジャーの秘密訪中によって本格化した米中接近は、その劇的な外交手法とも相まって、米中ソという冷戦下の三角関係を、米中対ソ連という二等辺三角形に変容させた、米中の手になる外交上の偉業として受けとめられることが多かった。ことに、米中による「頭越し」の記憶が鮮烈な日本では、その傾向が強いといえよう。

だがその一方で、本書が辿ってきた戦後アジア秩序の模索をめぐる文脈に据えたとき、この米中接近は、どのような意味を持ったといえるであろうか。

端的に言ってそれは、米中のあいだの「手打ち」であった。ベトナム戦争に疲弊するアメリカが、「冷戦」の追求をあきらめる一方で、イデオロギーを純化し、米ソ両超大国を敵にまわすに至った中国も、その重みに耐えかねて、「革命」の追求を断念した。「冷戦」と「革命」をそれぞれあきらめた米中による「手打ち」、それが米中接近の本質的な意味だったのである。

アジアにおけるアメリカの冷戦戦略の中心にあったのは、共産中国の存在を認めないと

「中国」とは、台湾の国民政府でなければならなかった。単に中国と敵対しただけではなく、アメリカにとって「中国」とは、台湾の国民政府でなければならなかった。その一方で、共産化ドミノの最初の一枚となることを懸念して介入したベトナムでは、最大五四万人もの兵力を送ったにもかかわらず事態は混迷を深めるばかりで、さしものアメリカも、国力の消耗は著しかった。ベトナム戦争に行き詰まって退陣したジョンソンの後を継いだニクソン政権にとって、ベトナムから抜け出すことは至上命題であった。ニクソン、キッシンジャーが中国に接近した最大の狙いのひとつはここにあった。

ベトナムの泥沼から抜け出すために、これまで封じ込めの対象としてきた中国の力をも借りる。それに伴って共産中国の存在を認めるという決断は、アメリカにとって、それまで追求してきた「冷戦」の放棄に他ならなかった。

一方の中国はどうであろうか。一九五〇年代中葉には「平和共存」路線をとった中国は、一九六〇年代になると、中ソ論争や毛沢東の主導権回復に伴って急進的姿勢を強め、文化大革命の発動とともにその傾向は一段と顕著になった。

一時は、左傾化したスカルノと「北京＝ジャカルタ枢軸」を構築することで、アメリカの中国包囲網を打ち破り、かつ中ソ対立でも優位に立つ道筋があるかにも見えた。だが、九・三〇事件後のスカルノの失脚によって、それも断たれた。

その後、アメリカとの敵対関係は持続する一方、中ソ対立はますます激化し、一九七〇年前後になると毛沢東ら中国指導部は、ソ連からの本格的軍事侵攻を憂慮するところまで追い込まれていた。

この状況にあって、ソ連からの重圧をかわすために対米関係の打開に乗り出す、それが中国指導部の下した決断であった。アジア各地の革命勢力の後ろ盾となる一方、ソ連を「修正主義者」として批判し、イデオロギーを純化してきた中国にとって、アメリカと手を結ぶことは、「革命」を純化し、追求する路線を実質的に断念することであった。

米中が「冷戦」と「革命」を放棄したアジア。それはまた、スカルノのような「独立」を生涯の使命とした指導者、そして、そうした「英雄」が存立する前提となった、イギリスのような植民地主義勢力が、ともに姿を消したアジアであった。

それはつまり、「冷戦か、それとも革命か」、「独立か否か」といった「大政治」が、アジアから姿を消したことを意味していた。国家の前途を二分するような「大政治」がアジアから姿を消すこと、それこそが、一九七〇年代からアジア一円に広がりはじめる「開発の時代」の政治的基盤となったのである。

†中国に急接近する日本

その一方、「大政治」の終焉は、アジアの域内各国が、それまでのイデオロギー的束縛から解き放たれることをも意味した。米中冷戦の溶解を眼前にした各国は、新たな国際環境の中でしかるべき位置を占めようと一斉に動きはじめ、アジアの国際情勢は、一挙に流動化する。それぞれに価値を掲げてせめぎ合う「大政治」の終焉は、各国間のバランス・ゲームという古典的な国際政治の力学を、アジアに呼び戻す契機となったのである。

中でも、この状況に最も激しく反応したのが、他ならぬ日本であった。「ニクソン・ショック」（傍点筆者）という言い回しが、ことさら日本で多用されることは、米中接近を自らの「頭越し」と受けとめた日本が、いかに深い衝撃を受けたかを物語っている。

だが、それは実のところ、事態の半面にすぎなかったというべきであろう。米中接近に触発された日本が、今度はアメリカを見返すように、ほとんど即座に中国との国交樹立にまで突き進んだことは、「頭越し」の衝撃によって日本では見落とされがちであるが、アジア・太平洋の国際政治に対して少なからぬ波紋を広げるものだったのである。

米中接近を受けた日本政府当局者の間には、衝撃の一方で「これで日本も堂々と中国との関係構築を進めることができる」と、米中冷戦の軛《くびき》から解放された期待感もわき起こった。

当時、佐藤首相は、一九七二年五月の沖縄返還を花道に退陣することが確実視されており、田中角栄通産相と福田赳夫外相との後継争いが激しさを増していた。佐藤の意は福田にあったが、その他の有力候補であった大平正芳や三木武夫は、対中政策の積極化を条件に田中の支持に回り、結局、自民党総裁選は田中の勝利に終わった。田中は、政権発足から間もない九月に北京を訪れて一気に国交を樹立し、その後、日本は国をあげて「中国ブーム」に包まれることになる。

一九七二年二月のニクソン訪中時に発表された上海コミュニケが、米中それぞれの立場を「両論併記」したにすぎず、国交回復にはその後さらに七年を要したことと比べれば、一気に国交樹立にまで突き進んだ日本の対中接近が、いかに急激なものであったかがうかがいしれよう。

それはもちろん、長らくアメリカによって抑えられてきた対中接近の欲求が、一挙に表面化したものであったが、同時に、「対中国交樹立では、アメリカを抜き返して見返してやろう」という心理があったことを少なくない日本側関係者が吐露している。

日本においてはもっぱら「ニクソン・ショック」から日中国交回復、そして「中国ブーム」の到来として記憶されるこの一連の流れは、しかしながら、より広いアジアの国際政治に位置づけてみたとき、異なる意味をもって浮上する。

ニクソン政権は表向き、日中国交樹立に特段異議を唱えることはしなかった。だが近年、このときの日本の動きを指してキッシンジャーが「最悪の裏切り者」と非難していたことが明らかになるなど、本心はそれほど単純なものではなかった。

台湾との関係をいかに維持しつつ対中関係を構築するかに腐心していたアメリカにとって、田中政権が台湾との関係をきっぱりと断つことで対中国交樹立を実現したことが問題を難しくしたと見て、不快感を抱いたとも言われる。

そしてまた、日本の急速な対中接近は、アジア・太平洋諸国に対しても少なからぬ衝撃を与えることになる。この地域の自由主義諸国の中で圧倒的な国力を持つ日本が、中国に急速に接近していったのだから、波紋を引き起こす方が当然であったのかもしれない。

とりわけ、この日本の動きに深刻な危機感を抱いたのが、日本が「南進」の要としてきたインドネシアであった。米中接近に触発された日本の急速な対中接近が、アジア・太平洋諸国にいかなる影響を及ぼしたのか、スハルト・インドネシア大統領がとった複雑な行動を追ってみよう。

†スハルト、謎の訪日

一九七二年五月九日、スハルト大統領が訪日した。スカルノから権力を奪取し、正式に大統領の座についたスハルトにとって三度目となる訪日は、しかしながら日本、インドネシア双方で不可解なものと受けとめられた。

この間、日本からは返礼訪問もなされておらず、両国間にはさしたる懸案事項もなかった。それに何よりも、この月の後半には、佐藤政権の花道と目された沖縄返還が迫っており、後継候補にあげられていた福田と田中とのつば競り合いが激しさを増していた。わざわざ日本を訪れても、誰を相手にすべきかすらはっきりしない、通常であれば考えにくいタイミングだったのである。

スハルトは皇室への訪問といった公式のセレモニーは望まず、日本政府・自民党の首脳と会談を行うことに訪問の目的を絞っていた。スハルトが謎めいた訪日に込めた狙い、それこそが、日本の急速な対中接近に対するインドネシアの対応策なのであった。

既述のようにスハルトは、九・三〇事件を契機に陸軍を掌握するとともに、共産党を徹底的に掃討することでインドネシア国内を平定し、ついにはスカルノとの権力闘争にも勝利した。インドネシア共産党やその背後の中国による国家転覆の陰謀を挫き、インドネシアを救った、そう主張するスハルトにとって、「反共」は自らの政権の正当性の核心であった。

そのようなスハルドにとって、インドネシア共産党の後ろ盾であった中国は最も警戒すべき存在であった。実際中国はスハルトが実権を握ってからも、旧共産党系の華人を通じてインドネシアへの介入を試みていた。たとえばスカルノ復活を策動する、あるいはインドネシア各地で争乱を引き起こし、スハルトの事態掌握力に疑問符をつけさせるといった工作を継続して試みていたのである。

スハルトにとって中国からの脅威とは、何よりもインドネシア国内の華人を通して引き起こされるものであり、それは通常の国際関係とはまったく異なる、自国の奥深くに食い込んだ内政問題であった。

スハルトに言わせれば、米中接近という事態は、このような中国の脅威を何ら変えるものではなかった。中国はニクソン訪中時の上海コミュニケの中でも、「中国側は、すべての被抑圧人民と被抑圧民族による自由と解放のための闘争を断固支持する」と、「解放闘争」の継続を明記していた。インドネシアにとって中国による「解放闘争」継続の明言は、単なる文言ではすまされない凄みを持つものであった。

このようにインドネシアにとって中国からの脅威に何ら変化がないにもかかわらず、アメリカに続いて日本までもが、堰を切ったような対中接近へと走りはじめる。日米が自らの体制の国際的な後ろ盾となっていただけに、スハルトにとって、状況は深く憂慮すべきものであった。スハルトが唐突にも見えた訪日を敢行した狙いは、この流れに何とか歯止めをかけたいという一点にあったのである。

スハルトの狙いは、日本政府・自民党の首脳に対して共産中国の脅威を説くことで、日本の対中接近を牽制することであった。より具体的に期待したのは、福田赳夫が来る自民党総裁選で勝利することであった。スハルトが福田の当選を望んだのは、田中に比べて福田の方が、対中関係で慎重な姿勢を示していたことだけが理由ではない。

インドネシア政府首脳が、「福田は多くのインドネシア人に知られているが、田中はそうではない」と述べたように、福田とインドネシアとの関係には浅からぬものがあった。本書第2章で扱った一九五〇年代後半のインドネシア内戦に際して、福田は反共を掲げて臨時政府を樹立したもののスカルノ側に鎮圧され、国外に逃れた反乱指導者を庇護・援助するなど、主として反共の側に立つインドネシア人士と年来の関係を有していた。

また前章で見たインドネシア債権国会議や、その後の枠組みを構築する上で日本国内を取りまとめるなど、福田はスハルト体制を支持する日本側の中心人物であったといっても過言ではなかった。

これに対して田中は、インドネシア側からすれば馴染みがないばかりでなく、大平、三木など、対中積極派の後押しを受けていたことから、田中が当選すれば急速な日中接近は不可避と見られた。

インドネシアには中国に対する政治的な警戒感も強かったが、それに劣らず懸念されたのが、日中が接近すれば、これまでインドネシアに向けられていた日本の援助や投資が中国大陸に流れてしまうのではないかということであった。

ベトナム戦争の重荷にあえぐニクソン政権は、戦争の「現地化」を進めるとともに、アジアにおけるアメリカの負担軽減や、同盟国の自主防衛強化を求める方針を打ち出していた。

この流れに沿って、アメリカはインドネシアに対しても、援助を縮小する姿勢を示していた。インドネシアとしては、アメリカからの援助縮小に加えて、日本の援助までもが中国へ流れる事態は何としても防がねばならなかったのである。

だが、インドネシアに日本の対中接近を阻むだけの力があるだろうか。その点を自覚するスハルトが考案したのが、ひとつには、「日・豪・インドネシア三カ国構想」という外交上の提案であり、そしてもうひとつが、日本の内政に分け入り、日本・インドネシア間の利権関係を操作することで、福田の当選に加勢しようという試みであった。

†「日・豪・インドネシア三カ国構想」

まずは、前者についてである。日本の対中接近を抑えるため、この点でインドネシアと利害を共有するはずのオーストラリアを引き込んで、日、豪、インドネシアの三カ国間に何らかの枠組みを設け、日本に縛りをかける。それが日中接近を抑えるためにスハルトが構想した手段の一つ目であった。

この構想の背景となったスハルトの情勢認識は、次のようなものであった。中国の脅威は、米中接近後も変わりないにもかかわらず、ベトナム戦争の負荷に耐えかねたアメリカはアジアからの撤退傾向を強め、アメリカと並んで海域アジアの安全保障で中心的役割を果たしていたイギリスも、シンガポールから撤退した。

その結果、中国に対する重要なバランサーとなり得るのは日本しかない。そして、このような観点を共有するのはオーストラリアであり、この問題で、「インドネシアとオーストラリアは似た立場にある」（スハルト談）。それはあたかも、スカルノ時代末期に掲げられた「北京＝ジャカルタ枢軸」に代わって、「東京＝ジャカルタ＝キャンベラ枢軸」を模索するかのようであった。

スハルト訪日前、準備のため来日したインドネシア中央銀行総裁に対して福田は、この「三カ国構想」を是認（endorse）したという。福田とインドネシアとの深いつながりや、中国と国交回復するにせよ、他国との関係とバランスを取りながら慎重に進めるべきだという福田自身の認識からすれば、ありえない話でもなかろう。

一九七二年五月、来日したスハルト大統領は佐藤首相をはじめ、福田外相、田中通産相などと会談を重ねた。だが、結果としてスハルトは、きわめてあいまいな形でしか自ら発案した「三カ国構想」を提起しなかった。

スハルトは佐藤首相との第一回会談で、「日本や東南アジア諸国が豪、ニュージーランドとたとえ条約上の協力義務はなくともともかく一緒に協力することが超大国によってひき起されたアジアの国際緊張を緩和するのに役立つと思う。日本、東南アジアとくにインドネシア、豪、ニュージーランド間との協力はアジアの緊張緩和に資するもの」であると、抽象的な議論を述べるにとどまった。

これに対して佐藤は、「日中関係の改善はアジアの平和のためにも幸いするものと思う」と、スハルトの狙いとは逆の見解を示した。会談でスハルトが説いた中国による転覆・浸透政策の危険性に対しても、日本側はインドネシア政府首脳が中国の危険性を強調するのは、インドネシアにおける軍部支配を正当化するためではないかといった受け止め方も出るなど、認識の開きは大きかった。

「三カ国構想」の提起とは対照的に、スハルトが力を入れたのが日本からの援助・投資の取り付けであった。

スハルトはスマトラ島の大規模プロジェクトへの投資要請、インドネシア債権国会議で決められた割合いを超えて日本の援助を増加させてほしいといった要望を並べた。その後、回を重ねていたインドネシア債権国会議では、インドネシアに対する協調融資のシェアを、日、米、それに仏独蘭など西欧諸国が、それぞれ三分の一ずつと定めていた。スハルトは日本に対して、三分の一を超えて援助を増額してほしいというのである。加えて、債権国会議の枠組みとは別枠で、石油開発のための新たな借款の供与を要望した。

これらの経済案件について、スハルトは具体的かつ執拗に、詳細な数字を持ち出して粘りつづけた。福田外相は、「スハルト大統領は大統領であると同時に蔵相、国家開発相でもある」と皮肉ったが、一方の田中通産相は、そのような詳細は閣僚レベルの会談には不適当であると「単刀直入に」断じ、スハルトは狼狽を隠せなかったようである。

スハルトが要請した新規借款の供与に関する交渉は、難航の末に合意されたものの、日本側はおしなべて、スハルトの手法に違和感を示した。なかでも田中は、スハルトに対して不快感を露わにした。スハルトと田中とは、そもそも対中政策で基本的見解を異にしていたことも重なって、次期首相が田中ならインドネシアの対日関係は困難なものになるとの見方が、両国で浮上することになった。

†ASEANとASPAC

こうしてスハルト自身は曖昧にしか提起しなかった「三カ国構想」だが、日本側はその意図を種々のルートを通じて把握していた。その上で、この種の新たな地域的枠組みの可否は、米中接近によって一挙に流動化した地域情勢がもう少しはっきりするまで待つべきだと判断した。それはより具体的には、ASPAC(アジア太平洋協議会)とASEANの行く末を意味していた。

ASPACは一九六六年、韓国の朴正熙大統領の提唱で発足した地域機構で、日豪のほか、韓国、ニュージーランド、フィリピン、タイ、マレーシア、南ベトナム、中華民国(台湾)などから成り、毎年の閣僚会議を中心に各国の協力関係強化を掲げていた。

だが、そもそも韓国が提唱した目的がアジアの反共諸国結集と、韓国、南ベトナムという反共「最前線国家」の支援にあることは明らかであり、日本などはその反共色を好まなかった。にもかかわらず、日豪などにとってASPACは、アジアの政治問題を多国間で扱う唯一の場となっており、関心を持たざるを得ない存在であった。

だが、アジア冷戦の骨格をなした米中対立が溶解すると、元来求心力の弱いASPAC

は急速に存在意義を問われ始めていた。日本もその行方を注視していたが、結局この年の六月を最後に閣僚会議は開かれず、ASPACは自然消滅に向かうことになる。

そしてもう一方が、一九六七年に発足したASEANである。この頃、日本政府は、「ASEANは依然、そのあり方を模索している最中である」と捉えていた。

ASEANはこの当時、マレーシアが提起した「東南アジア中立化構想」をめぐる議論の只中にあった。米中ソなど域外大国の保障によって東南アジアの「中立化」を図るというこの構想は、米英のアジアからの退潮傾向と、その一方でのソ連の「アジア集団安全保障構想」（一九六九年）や、中国の国連代表権獲得（一九七一年）など、中ソのプレゼンス増大という国際環境の変動に対応しようとするものであった。

だが、この「中立化構想」に対して、ASEANの中核国を自任するインドネシアは消極的であった。インドネシアはオランダとの独立戦争に始まり、アメリカによる内乱への介入や、九・三〇事件への外国関与の疑いなど、域外国の介入に翻弄されてきた歴史を持つだけに、「域外大国の保障」という「中立化構想」の根幹に強い疑念を呈したのである。

一九七一年一一月のASEAN外相会議では、「中立化が望ましい目標であることを確認する」とされただけで、ASEANをめぐる安全保障構想の行方は依然、定かではなかった。また、ASEANの枠組みそのものについても、フィリピンのロムロ外相がオーストラリア、ニュージーランドのASEAN加入の可能性を提起するなど、流動的な面が残っていた。

日本政府は、ASPACとASEANという現存する二つの地域機構の行く末が定まるまで、「日・豪・イ三カ国構想」については検討を先送りすべきだと考えたのであった。

その根底にあったのは、ASPACとASEANの流動化は、米中接近を契機としたアジアの大国間バランスの変化によって引き起こされたものであり、この流動化の行方は結局のところ、「地域の国々が、中国との関係を調整した後にはじめてはっきりするだろう」。それまでは、二国間関係を緊密にすることに努めるべきだというのが日本側の考えであった。

また日本側には、「三カ国」という枠組みそのものへの疑念もあった。日本にとって三カ国の枠組みでは、インドネシアとの諸懸案がオーストラリアも含めた三カ国関係に持ち込まれることになる。その一方で日本にとっては、日豪関係にインドネシアが割って入ることに魅力はない。

また、インドネシアと特別な関係に入ることによって引き起こされる、その他の東南アジア諸国の反応も考慮せねばならない。さらに言えば、「三カ国構想」には中国に対抗する色彩がぬぐえず、佐藤首相退任後に、何らかの形で調整が不可避となっていた日本の対中政策の幅を狭めることになりかねない。結局のところ、「三カ国構想」はインドネシアには多くの利点があっても、日本にとっては、ほとんど何のメリットもないと見えたのである。

†田中角栄の勝利とインドネシアの困惑

インドネシアの提起した「三カ国構想」は、日本側の消極的な反応しか招かなかった。だがそれは、インドネシアのとったアプローチの半面にすぎなかった。日中接近の行方はこのとき、佐藤後継を決める自民党総裁選挙で、対中接近に積極的な田中が勝つのか、あるいは、これに慎重な福田が勝利するのかによって、その方向性が定まると見られていた。インドネシアは「三カ国構想」の提起と並行して、水面下でもうひとつのアプローチを試みていた。それが自民党総裁選における福田の勝利を後押しすることであり、その手段が自民党各派閥とインドネシアとの利権関係を調整することであった。

以下の記述は解禁されたオーストラリアの外交文書に拠っているが、そのほとんどすべては、日本政府・外務省・政界関係者が提供した一次情報である。オーストラリアはインドネシアから「三カ国構想」を打診されていたこともあって、このインドネシアの対日工作について、熱心に情報を収集していたのである（以下、引用部分は豪外交文書）。

「日本の対インドネシア関係は、日本の国内政治と緊密に入り混じっており、インドネシアに対する日本の決定は、頻繁に外務省の外で決められている」と日本の外交当局者が嘆いたように、日本の対インドネシア関係は、スカルノ時代から岸信介、池田勇人など、政界の中枢に位置する政治家をはじめ、通常の外交ルートの外で主導される傾向が顕著であった。

またその一方で、日本の外交当局者らによれば、日本・インドネシア間の貿易に絡んで、ある種の取り決めがあり、そこから派生するコミッションが、自民党のいくつかの派閥に流れる仕組みが存在していた。その見返りとしてインドネシア側は、「特別の利益」を期待しているというのである。同様の仕組みは、日本・フィリピン間の貿易にも存在したという。ちなみにフィリピンとの関係では、賠償や援助に関する疑惑が一九八六年のマルコス政権崩壊とともに明るみに出て、「マルコス疑惑」として日本の国会でも大々的に追及される事態となっている。

この時の訪日でスハルトは、日本の対中接近を阻むため、福田に加勢することを狙った。それも利権、つまりは資金ルートの供与という形で具体的な支援を試みたのである。「今回のスハルトの関心は、佐藤＝福田ラインに助力すること」であり、「スハルトはそれにいくらか成功した。石油取引に関するコミッションが、福田派に流れることになったからである」。

当時、日本政界における「インドネシア・ロビー」の中心となっていたのは、衆議院議員・木村武雄であった。木村は佐藤派に属しながらも、対インドネシア援助・投資で共通の利益を持つ福田に近かったが、佐藤後継が、福田と田中の争いに絞られるに及んで、田中勝利のために活発に活動するようになっていた。

このときのスハルト訪日で、取りまとめが難航した石油開発のための新規借款に関しても、「決定的な努力」をしたのは木村であったが、そこには、これに伴う「戦利品」、つまりコミッションを獲得する狙いもあった。

ところが、福田を自らの後継に望む佐藤首相が、コミッションは福田派に流れるように調整したというのである。田中派はこれに強い不快感を抱き、田中政権発足後に後述するような一種の報復処置をとることになる。

スハルト訪日は、佐藤後継が未定であったことに加え、沖縄復帰記念式典に出席するアグニュー米副大統領の訪日とも重なって、「政治的観点からすると、タイミングはこれ以上ないほど悪かった」。

だが、そのタイミングはこの裏面の目的と密接に関連していた。このとき、自民党の「各派閥は激しい総裁選挙で多額の出費をしており、空になった金庫を埋める資金を欲して」いた。それゆえ、「インドネシア側は今回、日本とよい取引きができるのではないかと考えた」。「この考えがあったので、インドネシア側は、スハルト訪日を自民党総裁選挙の前にした」のであった。しかし、結果的に自民党総裁選に勝利したのは田中であり、福田当選を望み、かつ予測していたインドネシア側はこれに困惑することになる。

†「インドネシア・ロビー」と利権の再調整

田中政権発足直後の一九七二年八月、スハルトの特使としてスジョノ・フマルダニが来日した。軍人出身でスハルト側近として資金面を担い、後に「インドネシアのラスプーチン」と言われる人物である。フマルダニは対日関係でも資金面を担い、日本・インドネシア間を頻繁に往来していた。

スハルトが訪日時に要請した石油開発に関する新たな借款は、佐藤とスハルトの首脳会談で基本合意に達したはずであったが、その手続きはこのとき、日本側によって停止されていた。

日本側はフマルダニに対して、田中政権発足以降はこれまでのようなフマルダニを通した非公式チャンネルで事を進めることはできないと告げた。フマルダニには、この問題で交渉する権限はないというのである。結局、この借款に関する合意の調印はこの年の一〇月に行われることになったが、日本側は今後、借款の運用は公式チャンネルを通して行わなければならないと強く釘をさした。

この案件に伴うコミッションが、佐藤後継を争う自民党総裁選挙の際に、福田の勝利を願うインドネシア側の思惑、そして佐藤の采配によって福田派に流れることになったのは前述のとおりである。

日本・インドネシア間で幅を利かせる非公式チャンネルを排除し、両国関係を公式チャンネルで処理するというのは正論ではある。だが周辺状況を視野に含めるならば、ここでの非公式チャンネルの排除と、それと前後する借款供与手続きの停止は、政権を獲得した田中（派）による福田（派）の利権の遮断と見えなくもない。

一方でフマルダニはこのとき田中に対して、スハルトが公式の外交ルートよりも側近を用いた非公式チャンネルで物事を進めるのを好むことを説いた。結局田中も、フマルダニを通したインドネシアとの非公式チャンネルを継続することに同意した。

それと同時に、フマルダニは田中に対して共産中国の脅威を訴えた。中国に対するスハルトの根深い恐怖感は、九・三〇事件に対する中国の関与から来ており、中国は日本を転覆するため、あらゆる機会を利用するだろうというのである。田中政権が発足した後も、スハルトは日本に対中接近の危険性を訴えるのをあきらめたわけではなかったのである。

これに対して田中は、日中国交回復の意義について、一九三〇、四〇年代の日本の中国人に対する誤りを補償する（requite）、長期的な貿易関係の構築、そして新たな大国間バランスの達成という三点を挙げて説明した。田中は翌月には北京を訪れ、一気に日中国交回復を成し遂げるのである。

インドネシア側は田中との関係修復に努める一方で、木村武雄に代わるインドネシアへの協力者として、田中内閣で通産相に就いた中曾根康弘に着目し、協力を求めることを決めた。そしてこの年一〇月はじめにフマルダニが再訪日した際、中曾根に協力を申し入れ、中曾根はこれに同意したという。

インドネシア側からすれば中曾根は、田中の後継者レースの有力候補の一人であり、一方、中曾根の側は、スハルト政権の強固な反共姿勢を評価した。その後、中曾根派幹部の国会議員が通産省幹部とともにインドネシアを訪問し、インドネシア政府首脳、開発関係官庁と「協議」を行った。そのことを田中首相も他の自民党幹部も知らされていない。記録はそのように述べている。

†「中国問題」の浮上

オーストラリアを巻き込み、自民党の派閥政治に介入してでも、米中接近後の日本の急速な対中接近を食い止めたいというスハルトの意図は、結局のところ実を結んだとは言い難い。対中国交正常化に向けて、日本国内からは押しとどめようのない巨大な圧力が浮上していたのであり、結局はその力が福田ではなく、田中を首相の座に押し上げた。

この巨大な力の前では、スハルト、そしてインドネシアは所詮は無力な存在であった。むろん、それを承知していたからこそ、スハルトは「日・豪・インドネシア」という枠組みを提起したのであるが、それを勘案しても、「インドネシアが、日本の対中政策に影響を及ぼせると思ったのは考え違いだった」(豪外務省)という評価は妥当なものだというべきであろう。

そうであればスハルトの模索は、一片のエピソードに過ぎないのかもしれない。だが、ここでのスハルトの複雑な動きは、その構想自体の評価を超えて、アジアに新たな時代が到来したことを告げていた。それが「中国問題」の浮上であった。

第二次世界大戦後に成立した共産中国と、いかなる関係を持つのか。それはアジア諸国にとって最大の難題のひとつであった。インドのネルーが「平和五原則」に込めたのも、北方の巨大な隣人・中国と、いかに平和共存を図るかということであり、スカルノは、「北京＝ジャカルタ枢軸」から九・三〇事件での破滅に至った。

しかし、アメリカが共産中国の存在を認めず、封じ込めを推し進める中では、日本をはじめ多くのアジア諸国にとって、中国といかなる関係を結ぶかという問題は、想定上はともかく、現実の問題としては考える必要のない課題であったともいえる。ところが、米中冷戦が劇的な形で溶解したことによって、各国は中国というアジアの中心に位置する巨大な存在と、いかなる距離感をもって接するかという、新たな（そして実のところ古い）課題に直面することになったのである。

米中接近に触発された日本が、急速に中国に接近することに危機感を募らせたスハルトが、オーストラリアを巻き込んででも、これを阻止しようと奔走したのは、米中冷戦という「仕切り」が取り払われたことによって、アジアに新たな合従連衡の時代が到来したことを示していたのである。

†対中外交・二つの系譜

そして、スハルトの構想提起を受けた日本側の対応は、この「中国問題」をめぐって、日本の中にふたつの潮流があることを浮き立たせることとなった。中国との関係構築を進めることに、なによりも力点を置いた田中と、中国と適切な関係を持つにせよ、その他の周辺諸国との関係とバランスを取りながら慎重に進めようという福田のふたつである。

前者にとって東南アジアは、中国に対する強い関心の陰に埋もれがちなのに対し、後者にとって東南アジアは、対中関係とのバランスをとる意味で、重要な関心対象となる。スハルトの「三カ国構想」に対する田中の無関心と、福田の積極性という対照的な対応は、両者の関心の力点がどこに存在するかを端的に示すものであった。

その後、田中は一九七四年一月に東南アジアを歴訪した際、タイとインドネシアで激しい反日暴動に直面する。ことにジャカルタでは激しい暴動に囲まれ、ヘリコプターで脱出する事態となった。

この前後にインドネシアで高揚した反日運動のスローガンには、「華僑一辺倒の日本企業は姿勢を改めよ。プリブミ（民族企業）をパートナーに選べ」といった主張と並んで、「田中首相は北京一辺倒の外交姿勢を改めよ。九・三〇事件は北京とＰＫＩ（インドネシア共産党）と容共華僑の起こした事件である」といった批判が見られたという。

一方の福田は、それから三年しか経っていない一九七七年、首相就任後にやはり東南アジアを歴訪した。このとき福田が打ち出した「心と心のふれ合う相互信頼関係」や、日本がASEANとインドシナ諸国との橋渡し役を果たすことなどを内容とした「福田ドクトリン」は、事前の予想を超えて東南アジア側の歓迎を受けた。

田中訪問時とのあまりの落差は、決して偶然の産物ではないのであろう。また福田の視野にあったのは、東南アジアだけではない。福田が掲げた「全方位平和外交」には、日中平和友好条約の調印推進とバランスをとる狙いを込めて、ソ連などとも並行して関係改善を模索する意図があった（若月秀和『「全方位外交」の時代』）。

しかしながら、米中接近後の日本外交に浮上した「中国問題」をめぐる二つの潮流は、一九八〇年代に本格化する新冷戦の下、ソ連に対する日米中の結束が前面に出ることで、見えにくいものとなった。だが、ソ連が消滅し、日中間に経済の緊密化とは対照的な政治的軋轢の絶えない時代が到来することで、再び浮上する気配を見せているといえるのかもしれない。

戦後日本外交の歩みは、しばしば「対米自主か、対米協調か」で特徴づけられるように、対米関係を圧倒的な軸として考察されてきた。しかし、日米関係が緊密化・安定化の度合いを増す中で、対米関係における日本の選択の幅は、もはやそれほど大きくはないとも見える。

それに代わって日本外交の選択を二分する軸となり得るのが、中国といかなる関係を結ぶのかという「中国問題」なのだとしたら、対中政策をめぐる二つの系譜は、今後、一層その意味を増していくことになるのかもしれない。

†周恩来の慟哭

一九七六年一月八日、北京。周恩来が永遠の眠りに就いた。米中接近とそれにつづく日中国交回復は、すでにガンにとりつかれていた周恩来が、最後の力を振り絞った大事業であった。

周恩来の最晩年は、苦難の連続であった。人生の終わりを前にして失脚させられ、これまで生涯をかけた「革命」の履歴を否定されたくはない。それが周の最も強い願いであったという。それがゆえに周はひたすら毛沢東に仕え、本意ではない文化大革命にも相当程度、関与せざるを得なかった。

一九七一年九月、毛沢東の謀殺に失敗したと言われる林彪が、脱出途上のモンゴルで墜落死を遂げた後、共産党幹部の一人は、執務室に一人たたずむ周恩来が慟哭する場面に居合わせて当惑したという。

「林彪はもう自爆したのです。喜ぶべきですよ。これからは国家の経済建設に力を入れられます」と言うと、それが彼の心痛に触れたらしく、総理は黙ったまま涙を流し、やがて徐々に声を洩らして号泣し始めた。途中で何度か嗚咽に声を詰まらせた。

総理がこんなにも痛ましく泣く姿を見て、我々二人は何と声をかけてよいのか分からず、かたわらに立って見守るしかなかった。総理は最後には平静を取り戻し、ようやく次のような言葉を洩らした。「君たちは分かっていない。事はそんなに簡単ではないのだ。まだ終わっていない……」。そして、それ以上何も言おうとしなかった（高文謙『周恩来秘録・下』75頁）。

なぜ、あの周恩来が号泣したのか。「一言では言えないが自分の見るところでは、おそらく毛沢東との国家統治に対する考え方の違いによるものだろう、毛は階級闘争を強調し、周は経済を重視し人民の生活をより重く見る、このため周は何度も批判を受け、志を実現することができないでいたのだから」（同右）。それが居合わせた共産党幹部の見方であった。

バンドン会議での颯爽とした登場ぶりから、スカルノ政権下のインドネシアをめぐる綱引き、さらには米中接近から日中国交回復に至るまで、その時々の文脈は異なるものの、周恩来こそは戦後日本がアジアに向けて乗り出そうとする際に、必ず向き合うことになる巨大な存在であった。

その周恩来が見せた嗚咽は、戦後日本の「生き方」というものを逆の側から照射するものなのかもしれない。毛沢東・周恩来の下の共産中国は、結局のところ、「豊かさ」を人民にもたらすことはできなかった。その遂げられぬ思いが、周の嗚咽を引き起こしたのであろうか。

対照的に、その「豊かさ」こそが戦後日本が手に入れた最大のものであろう。それでは逆に、革命後の中国が毛沢東・周恩来によって手にし、戦後日本が手にできなかった、あるいは手にすることを選ばなかったものは何であろうか。

それは「独立」ということなのであろう。ときに人々の日々の生活を犠牲にしてでも中国が突き進んだのが、「自力更生」の道であり、そこに貫徹していたのは、国際社会で独立した存在でありたいという強い意志であった。

これに対して戦後日本は、アメリカの「核とドルの傘」（石井修「日米『パートナーシップ』への道程」、細谷千博編『日米関係通史』）の下で「豊かさ」を追求することに自らの前途を見定めた。

この日中の対照的な戦後の歩みは結局のところ、それ以前の両国の歩みが投影されたものであったのだろう。アヘン戦争以降、ときに「半植民地」と言われたような従属的な地位からいかに脱するか、それが新中国の目標となったことは不思議ではない。

朝鮮戦争はアヘン戦争以来、中国が西洋諸国を相手に互角の戦いを成し遂げた初めての戦争であった。朝鮮戦争に際して吉田茂が、中国軍はクーリー（苦力）の集まりだから、心配することはないと語ったことが知られている。まさにそれが戦前までの中国のイメージだったのである。

これに対して戦前、五大国、あるいは三大海軍国の一角として、アジアでひとり突出した地位を誇った日本帝国は、最後には世界の大半を相手にまわした大戦争ですべてを失った。戦後日本は国際的な権力政治の舞台から「降りる」ことを選択したのだともいえよう。状況が大きく変容した今日も、「独立」と「豊かさ」をめぐる政治は、形を変えて日中、そしてアジア秩序のありようと行く末に潜在しているのかもしれない。

周恩来の死に際して、毛沢東は冷淡な態度を貫いた。毛は、周が自分より長生きすれば、毛の死後に文革を否定し、スターリン批判を行ったフルシチョフのような行動に出るのではないかとの考えにとりつかれ、周のガン治療を故意に遅らせたとも言われる（『周恩来秘録』）。だが結果的に毛沢東は、周恩来よりも八カ月ばかりの長命を得ただけであった。

その間、周恩来を追悼する民衆の行動をめぐって第一次天安門事件が発生した。その責任を問われて、鄧小平は文化大革命の時につづいてまたしても失脚するが、やがて毛沢東亡き後に復活するや、華国鋒に取って代わって実権を掌握し、中国は「改革開放」に向けて大きく舵を切ることになる。

米中接近はアジア冷戦の桎梏を解き放ち、アジアの国際政治を一挙に流動化させた。しかしながらそれは、「脱植民地化から開発へ」という大きな時代の流れを変えるものではなかった。むしろ、鄧小平の下で「改革開放」に転じることになる中国をも包み込むことで、その流れは一層不可逆的なものとしてアジアの全域を覆うことになっていったのである。

エピローグ

†「アジアの非政治化」と戦後日本

「西洋の衝撃」を受け、そして呑み込まれたアジアは、数世紀にわたって西洋諸国による植民地支配の下におかれた。

未来にわたって堅牢であるかに見えた植民地体制であったが、第二次世界大戦が始まると、日本帝国の侵攻という「東からの衝撃」によって、あっけなく突き崩された。日本帝国による短い支配とその崩壊を経た大戦後、アジアの歴史は音を立てて動きはじめる。植民地支配からの独立を希求するエネルギーがその主旋律であり、そのエネルギーの行方をめぐって、冷戦と革命、戦乱と熱戦がアジアを覆った。

だが、独立を希求する脱植民地化のエネルギーは、無限ではなかった。独立が果たされ、植民地支配が姿を消したとき、「独立」は、実質的な国造りという性質の異なる課題に道を譲ることになる。それが一九六〇年代後半から七〇年代にかけて、「開発」の波がアジア一円を覆う前提となったのであった。

戦後、世界的には「冷戦」が維持される中にあって、アジアとは何よりも、革命や戦乱など、「冷戦」を突き破って政治的エネルギーが噴出する場として特徴づけられた。それがいつしか、「東アジアの奇跡」と称された経済成長を経て、世界で最も経済的活力にあふれた地域へと変貌していったのである。

本書ではその転換点のひとつを、一九六五年に見定めた。それでは、この戦後アジアの世界史的な変容の中で、日本とは果たしていかなる位置を占める存在だったのであろうか。

戦争賠償を足がかりとした「南進」に始まり、やがて韓国・中国と、北東アジアへ地平を広げることになった戦後日本のアジア関与であったが、そこに一貫して通底していたのは、アジアに「非政治化」を求める強い志向性であった。

冷戦やナショナリズムによって分断され、戦乱と貧困に沈むアジアの前途は、階級闘争による変革を目指す革命や、その封じ込めを主眼とする冷戦ではなく、地道な国造りと、それを通じた経済発展によってのみ切り開かれる。それが、そこに自らの前途を賭けた、戦後日本の「世界観」であった。

開発と経済成長を重んじる路線へ導くことによって、植民地主義の残滓を一掃しようと「独立」の完遂をどこまでも追い求めるスカルノのような急進的な民族主義者、あるいは革命イデオロギーの純化に突き進む中国のような存在は「非政治化」され、その後には、経済志向で覆われたアジアが出現するはずであった。

アジアが革命や戦乱で分断されているのであれば、そこに権力政治の舞台から「降りた」戦後日本が、進出・関与しうる余地はない。経済志向によって覆われ、繋がれたアジアこそは、軍事や外交の領域においては制約と逡巡を抱える戦後日本が、広く存分に活動するための絶対条件なのであった。

アジアの「非政治化」を追求する日本は、インドネシアでスカルノ体制が崩壊したとき、そして鄧小平の下で中国が「改革開放」に踏み切ったとき、アジア秩序の要となるこの二つの国に対して、惜しみなく援助を注ぎ込み、開発と経済成長の流れが不可逆的に根付くことを、全力で後押しした。それが、インドネシアと中国が、日本の対外援助の累計で第一位と二位を占めていることの歴史的背景に他ならない。この二つの国が、かつて「北京＝ジャカルタ枢軸」によって、アジアにおける急進的左派勢力の中心を成したことを思い起こせば、日本の援助の政治的な意味は、否応なしに浮かび上がる。それは、日本にとって好ましいアジアの姿を描き出すための、骨太な手段なのであった。

そこには、アメリカの冷戦戦略を補完する側面があったことも確かであったが、日本の視角は、「反共か否か」よりも、「脱植民地化とその後の国造り」という、より「非政治的」な色合いを濃厚に帯びるものであった。

むろん、当時、そこで開発や経済成長に対置されたのは、革命や冷戦、急進的なナショナリズムであった。民主化や人権といった「価値」は、スカルノ体制崩壊時のインドネシア共産党関係者に対する大量殺戮が、結果として黙認されたように、開発と経済成長の実現に不可欠だと考えられた政治的「安定」を確保するためであれば、顧みられることはなかったともいえる。

それら「開発の時代」が顧みず、置き去りにした「価値」は、水面下で伏流となり、やがて「開発の時代」が揺らいだとき、「民主化の希求」など、次の時代を性格づける力となって浮上することになる。

†「吉田ドクトリン」と「福田ドクトリン」

あるいはまた、観点を変えて論じてみるならば、果たして戦後日本に「外交戦略」「対外戦略」はあったのだろうか。それと明言した「ドクトリン」と名のつくもので、歴史的に定着したものといえば、「吉田ドクトリン」と「福田ドクトリン」の二つということになるのであろう。

前者が、国際的な権力政治の舞台から退き、経済成長に徹するという日本自身の選択を指し示したものだとすれば、対外関与に関するものとしては、「福田ドクトリン」が残ることになる。

一九七七年八月、田中首相歴訪時の暴動から三年あまり後、東南アジア歴訪中の福田首相はマニラにおいて、①平和に徹し、軍事大国にはならない、②真の友人として心と心のふれあう相互信頼関係を築きあげる、③対等な協力者の立場に立ってASEANと積極的に協力するとともに、インドシナ諸国との間でも関係醸成をはかり、もって東南アジア全域にわたる平和と繁栄の構築に寄与する、との対東南アジア外交の三原則を打ち出した。世に言う「福田ドクトリン」である。

このうち①は、軍事侵略の過去を踏まえた上で、「吉田ドクトリン」を対外的に再表明したものだといえる。そして②は、田中歴訪時の反日暴動を踏まえ、経済大国としての驕りを自戒するものだったとすれば、③は、反共機構という性格を持つASEANと、ベトナムを中心とするインドシナの社会主義諸国との和解を取り持ち、サイゴン陥落によってベトナム戦争が終結した後、今度は、中ソ対立の最前線となる気配を見せ始めていた東南アジアの「非政治化」を試みたものであった。

言い換えるならば、サイゴン陥落後の東南アジアから中ソ対立を排除して「非政治化」した上で、「戦場から市場へ」(この言葉自体は一九八〇年代後半に、タイのチャチャイ首相が提唱したものである)移行させることを志向したものであったといえよう。だが、やがて一九八〇年代の新冷戦へと向かう趨勢の中で、③の試みは潰えることになる。

しかしながら、時代の波に洗われながらも定着した戦後日本の「二つのドクトリン」を貫く柱が、経済志向と「非政治化」であったことは、それが戦後日本の政治と対外関与の主柱を成すものであったことを物語る。

　戦後日本は確かに、国際的な権力政治の舞台からは「降りた」のかもしれない。だがそれは、対外的にはもっぱら経済進出にしか関心を払わなかったことを意味するものではない。開発と経済成長によるアジアの「非政治化」は、狭義の外交や権力政治とはまた別の、しかし隣接する領域における「政治」に他ならなかったのである。

†二一世紀のアジアと日本

　戦後日本の、アジアを「非政治化」する試みは、結果として見るならば、相当程度に成功したのだといえよう。むろん、独立を希求し、革命と冷戦、熱戦の横溢するアジアを、安定と経済成長に導く力が日本にあったわけではない。

「政治から経済へ」、「脱植民地化から開発へ」という巨大な変容を引き起こしたのは、本書で辿ってきたように、何よりもアジアの戦後史、それ自体が内包した力学であった。だが、戦後アジアが決定的な転換点にさしかかったとき、その転換が不可逆的なものとなる上で、日本の援助や経済進出が少なからぬ意味を持ったことも、また確かなことであった。

　日本を先頭とした「雁行型経済発展」によって、「東アジアの奇跡」と称されたアジアの経済成長は、かつて革命と戦乱、独立を求めて奔騰するナショナリズムで彩られたこの地域の相貌を大きく変容させ、日本を中心に行き交う物流と資金とが、日本の描く「アジア」に躍動する生命力をもたらした。

一九八〇年代は、おそらくその絶頂期であった。それはまた、ソ連に対する日米中の「疑似同盟」の下、この地域が「非政治化」されたことによって裏打ちされたものであった。

その後、一九九〇年代に入って日本が「失われた一〇年」に沈み、求心力を衰退させる傍らで、アジアの経済発展と相互依存は大きく進展し、アジアは日本を内に含む、ひとつの巨大な経済圏として姿を現しつつある。それは、戦後日本が一貫して求めつづけた、「経済志向で覆われ、繋がれたアジア」が、その想定以上に成就した姿だともいえよう。

戦後日本のさまざまな構想が前提とした「日本とアジア」という枠組みは、いまや実体経済という巨大な力によって、「アジアの中の日本」へと変貌しつつある。

だが、この経済的にはますます一体化する様相を強めているアジアを、観点を変えて政治・安全保障の面から見るならば、種々の模索はあるものの、依然として安定的な枠組みが構築されているとは言い難い。

「経済のアジア」が一体化を強めている最大の要因のひとつは、その枢要を占める中国が、外資の導入と、世界経済との一体化による経済成長戦略を迷いなく推し進めていることにある。中国は経済面においては、「豊かさ」のために「独立」を脇におくことを選んだのである。

だが一方で、政治と安全保障の領域においてはそうではない。中国が更なる経済成長を遂げ、国力とそれに伴う自信を増して行くのであれば、長期的には、アジアからアメリカの勢力が退いていくことを望むかもしれないし、そこには台湾問題の「解決」という誘因もある。

この「経済のアジア」と「政治のアジア」とのズレは、今のところは潜在的なものにとどまっているといえよう。だが果たしてこの先も、このズレを潜在的なものにとどめることができるか、否か。おそらくそこに、二一世紀のアジア秩序の行方を占う鍵がある。

アジアが、かつてとは異なる文脈によって再び「政治の季節」を迎え、ズレが断裂となってアジアが引き裂かれるとき、「非政治化」を軸とした戦後日本の努力の果実は失われ、日本はそこで最も得るものがない国の筆頭となりかねない。果たして日本が、アジアに潜在するズレを潜在的なものに留めるために、とり得る選択肢はあるのか。

第一に日米同盟によって、この地域におけるアメリカの軍事的プレゼンスを安定的に維持させること、第二にアジアとの経済連携を深化させ、中国を含むこの地域の経済的一体化をさらに推し進めること、そして第三に、上記二つによって形作られる枠組みの中で、域内の長期的な民主化に資する協力と努力を地道に積み重ねていくこと、大きな柱としてはおそらくはこの三点に集約できるのであろう。

アジアの経済的活力と一体化の進展は、この地域において、アメリカの軍事的プレゼンスに挑戦するものがないという「安定」によって担保されていることは、現状では否めない。

それを多国間の枠組みに広げていく努力は真摯になされるべきだが、短期のうちに取って代わるものにはならないであろう。そのアメリカの軍事的プレゼンスにとって、日本の協力は決定的に重要なのである。

第二、第三の点は、狭義の外交にとどまる問題ではあり得ない。経済連携においては、もはや、かつてのようなアジアに向けた日本の「進出」ばかりではなく、市場の開放や人の移入など、日本自身をアジアに向けて「開いて」いくことも鍵となる。

そして、第三の長期的な民主化に向けた協力の試みも、政府の施策だけではなく、むしろさまざまな非政府団体・組織などによる、市民、国民レベルでの関心と個別具体的な問題への取り組み、国境を超えた連携が蓄積していってこそ、厚みと深みを持つ、真の意味での「協力」となるのであろう。

その一方で、政府の施策としての「民主化」が、一方的な押しつけや、単なる「封じ込め」「対抗」の手段にすぎないものとなるのであれば、それはアジアに潜在する「ズレ」を一層顕著なものにするだけかもしれない。

広い意味での民主化という大きな方向性と、たとえば中国が唱える「平和台頭論」との間で、重なる部分をいかにして極大化し、他方で、そうでない部分をどのようにして極小化していくか。そこに政治の構想力と創造力が求められるのである。

第一のアメリカの軍事的プレゼンスの維持によって、アジアの経済的活力が政治・軍事面での競争と暴発に向かうことを押しとどめ、第二の経済連携の一層の進展によって、アジアの経済的繁栄と一体化をさらに促進する。この二つを両輪とすることで、アジアの安定は相当程度に保たれるであろう。だがそれは基本的に、現状維持的なものであることも確かである。

日本を内に含むアジアのよりよき未来を思い描くのであれば、たとえ長期的な課題となるにしても、第三の、域内の一層の民主化という方向性を忘れてはなるまい。本書で辿った戦後の半世紀間で巨大な変容を遂げたアジアの姿を、さらに大きく塗り替える力を秘めているのは、長期的に見れば、他ならぬこの第三の点だと思われるからなのである。

あとがき

二〇〇七年の夏、中国と北朝鮮の国境地帯を歩く機会を得た。決して大きくはない国境の川の向こう側、眼下に横たわる北朝鮮の町・茂山《ムサン》は、強い日差しの下、眠るように静かに広がっていた。

時折、風向きが変わると、人の会話や飼い犬とおぼしき鳴き声が微かに聞こえ、そのことによってのみ、確かにそこに人々の日々の営みがあることが窺われる。アジア有数をうたわれたという町の背後の鉱山や工場群は、まるで過去の遺物のように微動だにせず、沈黙の中にたたずんでいた。

かつて朝鮮戦争では、アメリカ軍におされる北朝鮮を支えるために、中国の大軍がこの国境を大挙して渡り、それがアジア冷戦の本格的始まりとなった。その後、ときを経て、はるか南の「海のアジア」にはじまった「開発と経済成長」の波は、やがて中国大陸をも呑み込んで北上しつづけ、その先端はアジアの奥深く、ここ中朝国境にまで到達している。その波はやがて川を越え、革命と自主独立の孤塁を守る北朝鮮をも呑み込んでいくのかもしれない。

果たしてその時のアジアは、どのような姿を見せているであろうか。経済の求心力と政治の知恵によって、いよいよ一つに括られ、安定した地域となっていくのか、あるいは潜在的なズレと分断線が顕在化し、新たな不安定の時代が現実のものとなっていくのか、いずれにしてもここ中朝国境は、そのときのアジアの相貌を、最もくっきりと映し出す場所となっているに違いない。

本書は、戦後国際政治の中心を成した冷戦の枠組みでは必ずしも掬《すく》いきれない、南の海へと向かうことから始まった戦後日本の模索の軌跡を辿ろうとした試みである。筆者はそこに、戦後日本とアジアを捉える上での「本筋」があると考えるし、かつ、日本の現在と未来を、内向きの居丈高なものではなく、前を向き、世界に開かれたものとして構想する上で手がかりとすべき歴史的文脈があると信じている。

本書の記述の多くは、日米英豪など、各国で解禁された機密外交文書に依拠している。新書という体裁上、脚注等によって記述の根拠を逐一、示すことはしなかった。その点が気になる方は、各章に対応した以下の学術的な体裁の拙著、拙稿を参照していただければ幸いである。

第1章について

『バンドン会議と日本のアジア復帰——アメリカとアジアの狭間で』(草思社、二〇〇一

年）

第2章～第4章について

『戦後アジア秩序の模索と日本――「海のアジア」の戦後史　一九五七―一九六六』（創文社、二〇〇四年）

第5章について

「日中接近とインドネシア――「日・豪・インドネシア三カ国構想」の模索」、増田弘編著『ニクソン訪中と冷戦構造の変容――米中接近の衝撃と周辺諸国』（慶應義塾大学出版会、二〇〇六年）

ちくま新書編集部の湯原法史氏に新書執筆のお誘いをいただいたのは、まだ筆者が北海道大学に籍をおいていた頃であった。「新書」という媒体を、どのような内容で埋めるべきなのか、それが自分にできることなのか、思い迷うばかりで一向に前進しない筆者を、結果として少しずつでも導いてくれたのは、授業やゼミを通して筆者の未完成の議論に付き合ってくれた、政策研究大学院大学や立教大学の院生・学生の皆さんであった。『中央公論』の辣腕編集長として長年腕をふるってこられた宮一穂氏（現・京都精華大学）が、ようやく出来上がったと思った拙稿の細部に至るまで目を通し、論旨や表現の歪みと甘さを、いやというほど正してくださったことは、筆者にとってかけがえのない財産となった。執筆のきっかけを作ってくださったという意味で、本書の「生みの親」ともいえる早山隆邦氏（書籍工房早山）、そもそも宮、早山の両氏をご紹介くださり、「いちどスケッチを描いてみることは大事だよ」と折に触れて励まし、導いてくださった白石隆先生（政策研究大学院大学）、そして、いつまでも「離陸」すらしない筆者に忍耐強く伴走し、広い見地からの適切なアドバイスとともに最後まで支えてくださった湯原さんと、もちろん本書の内容は、すべて筆者が責任を負うべきものであるが、そこにいくらかでも実りがあるとすれば、それはこれら多くの方の支えの上に成り立ったものであることを、今更ながら感謝の念とともに深く強く感じている。

それにしても、「歴史を書く」というのは、傲慢な作業である。歴史上の大事件を数行で素描し、人が生涯をかけた所業を意味づける。誠実に懸命に取り組むことによってしか、その傲慢さは相殺され得ないのであろう。それができているのかを自問しながら、自分の仕事をしていくことができればと思っている。

二〇〇八年五月八日　東京・六本木にて

宮城大蔵

【主要参考文献】

＊政府文書

外務省外交記録（外務省外交史料館所蔵）

外務省開示文書（情報公開法による）

アメリカ政府外交文書（アメリカ国立公文書館所蔵）

Foreign Relations of the United States, Washington, D.C.: U.S. Department of State.（アメリカ政府外交文書集）

イギリス政府外交文書（イギリス国立公文書館所蔵）

オーストラリア政府外交文書（オーストラリア国立公文書館所蔵）

＊その他

伊藤昌哉『池田勇人とその時代』（朝日文庫、一九八五年）

岡倉古志郎編『バンドン会議と五〇年代のアジア』（大東文化大学東洋研究所、一九八六年）

岡田晃『水鳥外交秘話』（中央公論社、一九八三年）

甲斐文比古『国境を越えた友情――わが外交秘話』（東京新聞出版局、一九九〇年）

加瀬俊一『加瀬俊一回想録・上』（山手書房、一九八六年）

岸信介『岸信介回顧録――保守合同と安保改定』（廣済堂出版、一九八三年）

木畑洋一『帝国のたそがれ――冷戦下のイギリスとアジア』（東京大学出版会、一九九六年）

後藤乾一『近代日本とインドネシア――「交流」百年史』(北樹出版、一九八九年)
斎藤鎮男『外交――私の体験と教訓』(サイマル出版会、一九九一年)
重光葵『続 重光葵手記』伊藤隆・渡辺行男編(中央公論社、一九八八年)
白石隆『スカルノとスハルト――偉大なるインドネシアをめざして』(岩波書店、一九九七年)
『海の帝国――アジアをどう考えるか』(中公新書、二〇〇〇年)
田口三夫『アジアを変えたクーデター――インドネシア九・三〇事件と日本大使』(時事通信社、一九八四年)
デヴィ・スカルノ『デヴィ・スカルノ自伝』(文藝春秋、一九七八年)
東京大学社会科学研究所編『現代日本社会 3 国際比較(2)』(東京大学出版会、一九九二年)
波多野澄雄『太平洋戦争とアジア外交』(東京大学出版会、一九九六年)
波多野澄雄・佐藤晋『現代日本の東南アジア政策』(早稲田大学出版部、二〇〇七年)
細谷千博編『日米関係通史』(東京大学出版会、一九九五年)
鄒梓模『スカルノ大統領の特使――鄒梓模回想録』増田与編訳(中公新書、一九八一年)
『周恩来キッシンジャー機密会談録』毛里和子訳・増田弘監訳(岩波書店、二〇〇四年)
若月秀和『「全方位外交」の時代――冷戦変容期の日本とアジア・一九七一~八〇年』(日本経済評論社、二〇〇六年)
渡辺昭夫『アジア太平洋の国際関係と日本』(東京大学出版会、一九九二年)
高文謙『周恩来秘録――党機密文書は語る・下』上村幸治訳(文春文庫、二〇〇七年)

ナヤン・チャンダ『ブラザー・エネミー――サイゴン陥落後のインドシナ』友田錫・滝上広水訳（めこん、一九九九年）

ベネディクト・アンダーソン『定本　想像の共同体――ナショナリズムの起源と流行』白石隆・白石さや訳（書籍工房早山、二〇〇七年）

Roeslan Abdulgani, *The Bandung Connection: The Asia-Africa Conference in Bandung, 1955*, English Translation, Singapore: Gunung Agung, 1981.

Howard P. Jones, *Indonesia: The Possible Dream*, New York: Harcourt Brace Jovanovich Inc., 1971.

Matthew Jones, *Conflict and Confrontation in South East Asia, 1961-1965*, Cambridge: Cambridge University Press, 2002.

Audrey R. and George McTurnan Kahin, *Subversion as Foreign Policy: The Secret Eisenhower and Dulles Debacle in Indonesia*, New York: New Press, 1995.

George McTurnan Kahin, *The Asian-African Conference, Bandung, Indonesia, April, 1955*, Ithaca: Cornell University Press, 1956.

John D. Legge, *Sukarno: A Political Biography*, London: The Penguin Press, 1972.

Masashi Nishihara, *The Japanese and Sukarno's Indonesia: Tokyo-Jakarta Relations, 1951-1966*, Honolulu: The University of Hawaii, 1976.

John Subritzky, *Confronting Sukarno: British, American, Australian and New Zealand Diplomacy in the Malaysia-Indonesian Confrontation, 1961-5*, London: Macmillan, 2000.

補論

†「海のアジア」の戦後史

本書では海域アジアの戦後史と、そこへの日本の再進出が持った意味について描き出した。戦後アジアはほぼ冷戦一色で覆われた欧州などとは異なり、脱植民地化、革命、冷戦、開発と、地域秩序の行方をめぐってさまざまな力学が交錯し、そのダイナミズムが戦後アジアの絶え間ない変化をもたらした。

しかし結果としてみるならば、本論でも記したように戦後アジア秩序の本筋は、「脱植民地化から開発へ」という流れであったと言えよう。そしてこの「脱植民地化から開発へ」という潮流は、まず海域アジアで勃興し、やがて改革開放に転じた中国をも呑み込んで、世界の経済成長センターである今日のアジアを形作るに至った。

この補論では、上記の議論を少々異なる角度から補足することにしたい。では、どのような形で補足をするのか。以下では、まず戦後アジア国際政治史の全体像を浮かび上がらせ、その中にあって、海域アジアを舞台とした「脱植民地化から開発へ」という本書の議論が占める位置を、改めて提示することができればと考える。

とはいえ、戦後アジア国際政治史の全体像を把握するのは容易なことではない。先述したように、戦後世界において、アジアほど絶え間ない変容で特徴づけられる地域は他にない。冷戦といった単一の視座では、到底その全体像を掌握することはできないであろう。

そこでこの補論では、アジアにおける地域秩序変遷の輪郭を捉えるため、「時期区分」と「地域区分」という二つの視座を据えてみたい。時期区分とは、戦後アジア国際秩序の展開を、どのような時期区分によって整理することができるのかという観点である。

具体的には、①「独立・革命・戦乱の時代」一九四五—一九五五年、②「冷戦の本格化と新興独立国の団結」一九五五—一九六五年、③「転換の一〇年」一九六五—一九七五年という時期区分を提示する（宮城大蔵「戦後アジア国際政治史」、日本国際政治学会編『日本の国際政治学　4　歴史の中の国際政治』有斐閣、二〇〇九年）。

これに対して地域区分とは、具体的には北東アジア、東南アジア、南アジアという「三つのアジア」である。戦後アジアをこの「三つのアジア」に分け、その相互の距離感の変遷を考察してみることによって、戦後アジアの変容を俯瞰することができると考える。

このように時期区分と地域区分という二つの角度から戦後アジアの全体像を考察した上

で、この補論ではちくま新書版のエピローグで提示した「二一世紀の日本とアジア」についての見取り図を再考し、さらなる展望を試みたい。

†戦後アジアの時期区分

戦後世界を特徴づける冷戦は、欧州を舞台とした米ソの対立に端を発し、世界に広がった。二度にわたるベルリン危機やキューバ危機など、軍事衝突となれば全面核戦争から人類滅亡に至りかねない深淵を覗いたものの、結果としては、ぎりぎりのところで回避され、「危機」にとどまったのが、冷戦の冷戦たる所以であった。

これに対してアジアはどうであったか。戦後初期の中国内戦、朝鮮戦争、インドシナ戦争、インドネシア独立戦争、そしてインド、パキスタン間の三度にわたる印パ戦争、本書でも扱ったマレーシア紛争、さらにはベトナム戦争、中越戦争、カンボジア紛争と、実に戦争と紛争で彩られた戦後史であったと見える。

しかし、近年に至るまでのアジアが、絶え間ない戦争、戦乱で覆われた地域であったというのでは、あまりに平板に過ぎるであろう。以下では、戦後アジア国際政治史に関わる時期区分を示すことによって、その種の平板さを立体化させることを試みる。

まず「第一期」は、第二次世界大戦後に始まり、一九五五年前後までの「独立・革命・戦乱の時代」である。日本では一九四五年八月の敗戦/終戦をもって、「戦前」「戦後」と二〇世紀を二分するのが一般的であろう。しかし、それが日本以外のアジアでも同様なわけではない。

終戦直後のアジアを概観してみるならば、中国では国民党と共産党の内戦が再燃し、軍事的な物量では優位を誇ったはずの国民党は圧され、遂には日本の植民地から脱したばかりの台湾に脱出し、大陸には一九四九年、中華人民共和国が建国された。

朝鮮半島は日本の植民地支配から解放されたものの、単一国家樹立は、米ソの対立もあって頓挫した。そして南に大韓民国、北部に朝鮮民主主義人民共和国が発足し、互いを反乱勢力と見なして小競り合いが頻発する不安定な状態が出現した。

一九五〇年一月にアチソン米国務長官が、アメリカの防衛ラインとして、日本やフィリピンを明示した「アチソン・ライン」に言及すると、朝鮮半島が除外されていたことからこれを好機と見た北朝鮮の金日成は、スターリンの許諾と毛沢東の支持を取り付けた上で、軍事統一を目指して同年六月に南進する。朝鮮戦争の勃発である。

アメリカ率いる国連軍の反攻と、これに対抗する中国の介入によって、朝鮮半島では米中が直接戦火を交わすことになり、アメリカは台湾防衛と中国封じ込めに舵を切る。

そして東南アジアでは、植民地再建を目指して西欧の植民地宗主国が帰来し、ベトナムでは独立を目指すホー・チ・ミンとフランスとの間で、第一次インドシナ戦争が勃発する。インドネシアでは独立を宣言したスカルノと、再来したオランダとの間でインドネシア独立戦争が始まり、一九四九年にスカルノ側が独立を確たるものにするまで、激しい戦闘が行われた。

さらに南アジアでは、インドとパキスタンが英植民地から分離独立する過程で、宗教騒乱が頻発し、カシミール地方の帰属をめぐって第一次印パ戦争が発生する。

†独立・革命・戦乱の時代（一九四五―一九五五年）

まさに、混乱と戦乱の第一期である。宗教騒乱と分離独立という南アジアは別として、終戦直後の北東アジアと東南アジア一円が戦乱状態で覆われたのは、①日本帝国の消滅に伴う「力の空白」の発生、②帰来した植民地勢力と独立運動との衝突、③国際的な冷戦の波及の三つが重なったためだといえよう。

一九四五年八月の日本降伏は、連合国側にとっては予想よりも早いものであった。サイパンや硫黄島、そして沖縄で頑強な抵抗を見せた日本軍は本土決戦を呼号しており、連合国側では、四五年秋から本格的な日本本土侵攻作戦を立てていた。

そのような状況下で、日本敗戦後のアジアの秩序をいかなるものとして再構築するかという課題は、先送りとなっていた。連合国の中でも欧米の間には、日本によって解体された植民地の再建をめぐって、再建を当然視する西欧諸国と、これに難色を示す米側といった不一致が潜在していたが、日本打倒が最優先だとして、半ば棚上げ状態となっていたのである。

連合国間で確たる戦後構想が固まらないままに、アジアの広範な地域を支配下においていた日本帝国が降伏・消滅したことは、そこに巨大な「力の空白」が生まれたことを意味した。

その空白を突いて、独立を志向するアジア各地の諸勢力が一気に表舞台に出ることになったが、目指すべき方向性をめぐって諸勢力間でイデオロギー対立が生じることも多く、その場合には、世界的な冷戦対立と連動することになった。本来の内戦的性格が、国際的な冷戦対決の舞台と化した朝鮮戦争は、その最たる例であった。

言い換えれば、アジアにおいては先に冷戦があったのではなく、独立という一大課題の方途をめぐってイデオロギー対立や内戦がおき、そこに国際的な冷戦が連動することになったのである。いずれにせよ、この時期のアジアは、とても「戦後」(=戦争の後)とはいえまい。第二次世界大戦の終結は、新たな戦争・戦乱の始まりを意味したのである。

このようなアジアの状況をよそに、本来の意味での「戦後」にすっかり覆われたのが、日本であった。戦争中には、欧米による植民地支配からの「アジア解放」を旗印に、「大東亜共栄圏」を唱えた日本であったが、敗戦につづく占領期においては、「アジアについて思索しアジアについて語ることは、何かしら胡散臭いものという雰囲気が支配的であった」(渡辺昭夫『アジア・太平洋の国際関係と日本』80頁)。

戦後日本がアメリカの圧倒的な影響力の下で再出発するのに際して、戦時中に奉じたイデオロギーは、忘却すべき都合の悪い過去であった。

しかし、いかに日本がアジアを忘却し、視野の外においたとしても、客観的に見れば、戦乱で覆われた終戦直後のアジア一円の状況は決して日本と無縁ではなく、日本帝国の「消滅の仕方」と表裏を成すものだったのである。

†冷戦の本格化と新興独立国の団結（一九五五—一九六五年）

このように戦乱と混乱で覆われた戦後初期のアジアであったが、一九五四年から五五年頃になると、地域秩序の新たな構図が徐々に垣間見えてきた。戦後第二期にあたる「冷戦と新興独立国の団結」の時代の到来である。

その一つの柱は、朝鮮とインドシナを舞台とした戦争に休戦の気運が訪れ、アジアにおいても、本来の意味での「冷戦」状況が生じ始めたこと、そしてもう一つの柱は、次々に独立を果たしたアジアの新興諸国が結束し、国際政治の舞台に一大勢力として登場したことであった。

まず一点目の冷戦の本格化である。朝鮮戦争やインドシナ戦争が休戦に至ったことを指して、「冷戦の本格化」ということに違和感を持たれるかもしれないが、冷戦とは本来、激しいイデオロギー対立や勢力圏争いを内包しながらも、実際の戦争には至らないがゆえに、冷戦なのである。

中国内戦が共産党の勝利で決着した後、アジアにおける冷戦対立の発火点となっていたのは、朝鮮とインドシナにおける二つの戦争であった。それが一九五三年には朝鮮戦争、五四年にはインドシナ戦争について、それぞれ休戦が実現するのである。

この転機をもたらした大きな要因は、ソ連で長く独裁的な地位にあったスターリンの死去であった。ソ連でのスターリンの後継は集団指導体制となり、農業の低迷など疲弊した国内経済の立て直しを図る必要もあって、ソ連指導部は西側との「平和共存」を志向した。また、米ソは相次いで水爆の実験に成功しており、米ソ間の全面戦争は破滅を意味する状況となっていたことも重要な背景であった。

冷戦には、米ソ両超大国が勢力圏を分割・固定化することによって、安定を追求するという側面がある。インドシナでは、一九五四年のジュネーブ協定で休戦が実現した。ホー・チ・ミンが軍事的には優勢であったにもかかわらず、北緯一七度線でベトナムは南北に分断され、統一のための総選挙を二年後に実施するとされた。ホーは不満だったが、中国がこの不満を抑え込む形で、協定に持ち込んだのであった。

中国指導部にとっては、戦争がつづけば、フランスに代わってアメリカの本格的なインドシナへの介入を招き、中国が南から脅かされる懸念があった。この時の北ベトナムの不満は、やがてベトナム統一後に起きる中越戦争の遠因となったとも言われる。

また、いずれ総選挙が行われればホー・チ・ミン側が勝利すると見られたが、かかる事態を警戒するアメリカは同協定に調印せず、結局、選挙も実施されないままとなった。その後も事態は安定することなく、やがてベトナム戦争に至るのだが、ともあれこの時点では、朝鮮とベトナムの双方で分断が固定化されたことによって、これ以降、米中ソの間では直接的な戦争が起きることはなかった。「分断による安定」という冷戦の特質に合致する状況が、アジアにも出現したのであった。

もう一方の新興独立諸国の団結については、本書第1章で詳述した。言うまでもなく、バンドン会議はその象徴的な出来事である。アジアでの共産主義拡散を警戒するアメリカが、反共軍事同盟網たるSEATO（東南アジア条約機構）を結成し、それを警戒したインドネシアなど中立主義諸国が、対抗策としてバンドン会議開催に注力したのは、第1章で見た通りである。

いずれにせよ、冷戦対立の固定化（分断による安定化）と、その一方でのバンドン会議に象徴されるアジア結束の動きが併存したのが、この「第二期」のアジア国際秩序であった。

†コロンボ・プランという試み

アメリカの冷戦戦略や西欧の植民地主義と、それに対抗するバンドン会議のような中立主義・反植民地主義勢力とが併存した、この「第二期」だが、両者の関係は、必ずしも敵対的で対立一色だったというわけではない。

この時期のアジア国際秩序の特徴を反映した枠組みとして、コロンボ・プランがある（その詳細や全体像については、渡辺昭一編著『コロンボ・プラン』法政大学出版局、二〇一四年）。コロンボ・プランとは、主に英連邦（コモンウェルス）内において、イギリスやオーストラリア、ニュージーランドなど先進的な国々が、インドやマラヤなど経済発展の遅れている国々に対して援助を行う枠組みであり、一九五〇年にイギリス主導で発足した。英連邦主体とはいえ、それ以外の国にも門戸を開いたことから、コロンボ・プランはアジアの自由主義諸国、中立主義諸国、そして米英などが広く参加する枠組みとなった。アジアの経済発展と生活水準向上を実現することによって、共産主義が浸透する素地をなくすというのがコロンボ・プランの目的であったが、反共色や軍事色を強く前面に出すことはせず、そのことによって多彩な国々を包含する点にユニークさがあった。

バンドン会議では欧米を排除して反植民地主義が掲げられ、中立主義諸国にはアメリカの冷戦戦略に対する警戒感も強かった。これに対してコロンボ・プランは、植民地主義勢力であるイギリスが提唱し、同国の影響力保持を目的の一つとする英連邦を下地としつつも、インドネシアなど英連邦ではない中立主義諸国、そして日本という英連邦から見れば旧敵国も参加する枠組みであった。

日本がコロンボ・プランに加入したのは一九五四年だが、サンフランシスコ講和条約で主権を回復したものの、当時の日本にとって、国際社会は必ずしも温かいものではなかった。

片面講和の結果、ソ連や中国との国交が回復していないだけではなく、国連安全保障理事会で拒否権を持つソ連の反対によって、国連加盟もできなかった。戦時中の主として東南アジアにおける対日戦の記憶が癒えない西欧諸国も、おしなべて日本に対して厳しい態度をとっていた。西欧諸国が難色を示したことで、GATT〔関税及び貿易に関する一般協定〕やOECD〔経済協力開発機構〕への日本加盟も難航することになる。

こうした中で日本は、コロンボ・プランへの加盟を、当時アジアで少なからぬ影響力を持った英連邦諸国との関係回復の契機にしようと期待し、アメリカの後押しを受けて加盟を実現させたのである。昨今では日本の対外援助の出発点として、コロンボ・プラン加盟が位置付けられているが〔二〇一四年は日本のODA〔政府開発援助〕開始から六〇周年とされたが、コロンボ・プラン加盟がその起点とされた〕、往時にあっては、日本が国際社会復帰を図る上での数少ない糸口だったのである。

反共を基調としつつも、冷戦と中立主義、ナショナリズムと英連邦など、相反する力学の間の対立を激化させることなく包み込んだコロンボ・プランは、一九五〇年代後半のアジア国際秩序のもう一つの側面を反映したものであった。

これに対して、つづく一九六〇年代前半のアジアは、一転して緊張と分極化が時代の基調となる。かつて「平和五原則」をともに掲げた中国とインドは、国境紛争から大規模な軍事衝突に至り、スカルノは隣接する新国家、マレーシアの発足が英植民地主義の策謀だとして、反植民地闘争を急進化させる。そしてアメリカはベトナムへの軍事介入に踏みこむのである。しかしそこに、時代を一変させる「転換の一〇年」が近づいていた。

†「転換の一〇年」(一九六五―一九七五年)

本書では、戦後アジア国際秩序の展開を「脱植民地化から開発へ」として捉えるが、「脱植民地化」から「開発」への転換期はいつか。本書の第4章では、九・三〇事件(一九六五年)の重要性を強調したが、ここではそれを発展させ、一九六五年から七五年に至る「転換の一〇年」という視座を提示することとしたい。本章の時期区分においては、戦後アジア国際政治史の「第三期」である。

「転換の一〇年」を構成する主要な出来事は、九・三〇事件、一九七一年から七二年にかけての米中接近、そして一九七五年のサイゴン陥落に伴う南ベトナムの消滅とベトナム戦争の終焉である。

「転換の一〇年」の意味を考えるには、その入り口である一九六五年と、出口にあたる一九七五年のアジアの様相を比較して見ればよい。九・三〇事件が発生する直前の東南アジアは、「北京＝ジャカルタ枢軸」の下、北方の中国と南のインドネシアによって挟み込まれる情勢であった。スカルノ後のインドネシアが共産化した上に、サイゴンが陥落していれば、東南アジアにおける自由主義勢力は、風前の灯と見えたかもしれない。

しかし、そこでおきたのが、九・三〇事件とスカルノの失墜、そして大量殺戮を伴うインドネシアにおける共産党勢力の徹底的なまでの撲滅であった。スカルノを追い落としたスハルトは、日米と協調して反共と経済開発を主柱とする「開発体制」を構築し、「北京＝ジャカルタ枢軸」をほぼ一八〇度転換させた。これを受けてASEANも結成される。

これによって、中国の世界戦略は破綻し、米ソ両超大国と対峙するという厳しい状況だけが残された。そこから脱却しようと中国が打って出たのが、米中接近であった。これを本書第5章では、対中封じ込めという冷戦戦略を放棄したアメリカと、革命貫徹を放棄した中国による「手打ち」であったと位置付けた。

その後におきたのが、アメリカが手を引いた末の南ベトナムの消滅であった。サイゴンが陥落し、戦後アジアにおいて長らく国際政治の焦点であったベトナム戦争が終わりを告げたとき、アジアの光景は、六五年の九・三〇事件発生前とは、全く異なるものとなっていた。「転換の一〇年」以前のアジアは、今日とは隔絶した「歴史上の戦後アジア」、そして、「転換の一〇年」以後のアジアを、「現代アジア」と呼んでも差し支えあるまい。

ここまで試みた一〇年刻みの時代区分を、その後の時期についても試論的に当てはめるならば、一九八五年のプラザ合意、一〇年刻みとは若干ずれるが、九七年のアジア通貨危機が節目として浮上する。G5（主要先進五カ国）蔵相・中央銀行総裁会議によるプラザ合意は、対日貿易を筆頭とするアメリカの膨大な貿易赤字と、それに伴う米国内での保護主義台頭に対応するための合意であった。ここで先進各国は、為替相場への協調介入によってドル高を修正し、アメリカの対外不均衡を是正しようとしたのである。これがきっかけとなって八五年九月に一ドル二四〇円前後であった円相場は、一年後には一五〇円台となった。急激な円高で打撃を受けた日本の輸出産業は、こぞって東南アジアに生産拠点を移転することになった。対米貿易摩擦の打開策が、日本とアジアを経済的に一層結びつける力として作用したのである。

次の節目となりうる一九九七年のアジア通貨危機は、一九九〇年代の日本経済の低迷を脇目に経済的興隆をつづけたアジア各国を、タイのバーツ暴落に始まった通貨危機が瞬く間に襲ったもので、三十数年に及んだインドネシアのスハルト体制が崩壊するなど政治的影響も甚大であった。アメリカの影響力の下にあるＩＭＦ（国際通貨基金）は、構造調整を前面に出した支援策によって状況をさらに悪化させたと後日、批判されることになる。この状況で域内国が協力して危機に対処すべく発足・定着したのが、ＡＳＥＡＮ＋３（日中韓）であった。また、ＡＳＥＡＮが加盟各国の混乱もあって存在感を減じたのに対して、相対的に浮上したのが通貨危機の直撃を免れた中国であった。アジア地域主義の新段階と中国台頭、それぞれの契機となったアジア通貨危機であった。

このような一九七五年以降の節目と、それによって仕切られる時期区分をどのように解釈するか、さまざまな見方があり得るだろうが、日本とアジアの経済的一体化の進展を基調としつつも、アジア域内で日本経済が圧倒的な存在感を持った時代から、それ以外のアジアも発展を遂げ、とりわけ二一世紀に入ると、中国の台頭が政治経済両面で地域秩序を変化させる要素になりつつあるといった趨勢を見てとることが可能であろう。

†「三つのアジア」とアジア国際秩序の展開

以上のような時期区分の試みと並んで、本稿ではアジアを「三つのアジア」の組み合わせとして捉え、そのことによって、戦後アジア国際秩序の構図と展開を把握することを試みる。

「三つのアジア」とは、本章冒頭でも述べたように「北東アジア」「東南アジア」「南アジア」である。以下ではまず、戦後アジア国際秩序の展開を、「三つのアジア」相互の距離感という観点から捉え、次に「三つのアジア」それぞれに対する日本の関心の特徴を考察する。これらの作業を通じて、「アジア」という、ともすれば伸縮自在の茫漠たる地域概念を、多少なりとも明確化することができるのではないかと考える（宮城大蔵「戦後日本とアジア」、松浦正孝編『アジア主義は何を語るのか』ミネルヴァ書房、二〇一三年）。

戦後初期、とりわけ一九五〇年代中盤は、「北東アジア」＋「南アジア」の繋がりが、アジア国際秩序の重心を成した。具体的には、戦後アジアに成立した二大新興国家であった中国とインドが、「平和五原則」によって体制の違いを乗り越え、安定的な関係を構築したことが重要で、バンドン会議はその大きな成果であった。

それが一九六〇年代半ばになると、中国とインドは軍事衝突を経て、犬猿の仲となる。これに伴って「北東アジア」＋「南アジア」の軸が雲散する一方で、「北東アジア」＋「東南アジア」が結びつきを強める。

その背後にあったのは、ベトナム戦争の本格化に伴うアメリカの冷戦戦略の強化であった。日本では「ベトナム特需」と言われたように、アメリカは日本、韓国、タイなど、北東アジアから東南アジアにかけての自由主義諸国において、ベトナム戦争遂行のための物資調達や軍事活動を活発化させ、韓国のベトナム派兵や、日本におけるベトナム反戦運動など、形はさまざまであったが、北東アジアと東南アジアは、ともにベトナム戦争の影で覆われることになった。

これと並行する形で、一九五〇年代には日本にとって身近な存在であったインドは、日本の視野から消えていき、コロンボ・プランのような、広く南アジアも含めた地域枠組みも存在感を失っていく。

一九五〇年代には日本の官庁の公式資料において、今日の東南アジアと印パなど南アジアをあわせ、「東南アジア」と分類しているのだが、それが六〇年代になると、両者は「東南アジア」「南アジア」と別個の地域と見なされるようになる。

そして一九七〇年代に入ると、アメリカがベトナム撤退に伴って、アジアに関与する気力をしばし喪失するが、その一方で、日本の東南アジアに対する経済的進出が本格化し、「北東アジア」＋「東南アジア」という結びつきは、ベトナム戦争とは別の力学によって、さらに強まる。

一九八〇年代になると、これにアメリカやオーストラリアも加えた「アジア太平洋」という地域概念も一般化する。やがて一九九〇年代に入ると、「北東アジア」＋「東南アジア」をあわせて、「(広義の）東アジア」とする呼称も出現する。「(広義の）東アジア」を最初に公的に用いた例は、マレーシアのマハティール首相が提唱したＥＡＥＣ（東アジア経済協議体）であった。昨今の日本において、「東アジア共同体」が語られる際の範囲は、「北東アジア」＋「東南アジア」だが、それは一九八〇年代以降に一般化した、「(広義の）東アジア」という地域概念に乗ったものなのである。

†「三つのアジア」と日本の関与

次に、「三つのアジア」と日本との関係である。戦後日本とアジア諸国との関係回復は、地理的な近さとは逆に、「南アジア」→「東南アジア」→「北東アジア」の順番で進んだ。

主権を回復した直後の日本をとりまく国際環境は、先述のように決して日本に対して温かいものではなかったのだが、その中にあって日本を好意的に迎え入れたのが、インドであった。

インドのネルー首相は、対日講和が日米安保条約の締結や、沖縄の分離と一体となったことを批判して、サンフランシスコ講和会議に参加しなかったが、その一方で、日本と早々に二国間で平和条約を結び、その際、インドに残された日本の資産についても日本への返還を認めるなど、好意的な対日姿勢はひときわ目立つものであった。

加えて、独立後のインドは世界的にもその揚々たる前途が期待される存在であり、日本でも経済面における「インド熱」は顕著であった。だが同時に、当時の日本の「インド熱」には、「東南アジア」と「北東アジア」が、日本に対して閉じられていたことを表裏とした面もあった。すなわち、日本から見て「東南アジア」では戦争賠償をめぐる交渉が難航して主立った国々と国交が正常化しておらず、「北東アジア」では自由主義陣営の韓国とすら、国交樹立を目指す日韓交渉が、開始直後から壁に直面していた。

やがて一九五〇年代中盤に差しかかると、東南アジア諸国と賠償交渉が妥結し、日本企業の進出が実現する。そして「北東アジア」においては、一九六五年にようやく韓国との国交樹立が実現し、七二年には中華人民共和国との国交樹立が果たされるが、台湾（中華民国）とは国交断絶となった。そして北朝鮮（朝鮮民主主義人民共和国）とは未だに国交がない。

歴史的、文化的な繋がりの深さとは裏腹に、戦後日本と「北東アジア」との政治外交面における関わりは、他の二つのアジアと比べても、決して長いものではない。

冷戦後になっても、中国・台湾、朝鮮半島と、二つの分断国家が存続していること自体、世界における北東アジアの特異性だが、それに加え、戦前・戦時中の日本が与えた傷の深さという点でも、北東アジアは突出している。日本にとって「北東アジア」が、このように特別の注意と対応が必要な地域であることは、他の二つのアジアと比べてみると、ますます明瞭であろう。

アジアをこのように三つに分けて捉えたとき、それぞれのアジアに対する日本の関心には、かなりの差異があることが見てとれる。端的にいえば、「南アジア」に対しては他の二つのアジアの「代替物」としての関心、「東南アジア」に対しては経済的利害に加え、日本にとっての政治的・外交的なフロンティアとしての関心、そして「北東アジア」に対しては、経済的利害に加え、安全保障上の関心が強くなるのだが、中でも朝鮮半島についてその傾向が色濃い。以下で、それらの関心の詳細を見てみよう。

†「三つのアジア」、異なる関心

まず「南アジア」だが、日本の南アジアに対する関心は、「東南アジア」「北東アジア」

との連関によって左右される傾向が強いといえる。上述のように一九五〇年代の日本における「インド熱」は、「東南アジア」「北東アジア」が日本に対して相対的に閉じられていたことが、要因の一つであった。

また、往時における日本のインドに対する親近感は、中立主義の世界的な指導者であったネルーの威信に起因する面も強かった。一九五七年に日本を訪れたネルーは日本人の熱狂的な歓迎を受け、「これほど盛大で自然発生的な歓迎は、外国で私がこれまで受けたなかで最大のものである」と書き記した。

ネルーは東京で、「冷たい戦いからは、平和も善も生まれません」と説いたが、それは多くの日本人にとって、核戦争の恐怖を孕んだ米ソ冷戦から距離をおきたいという自らの願望を具現するものと見えたであろう（宮城大蔵「願望としてのもう一つの日本」、『国際交流』第一〇〇号所収、二〇〇三年）。

しかし、インドと敵対するパキスタンだけでなく、東南アジア諸国においても、ネルーの、ともすると傲慢で一方的な態度に違和感を持つ指導者は少なくなかった。本書第1章のバンドン会議におけるネルーの振る舞いに、その一端を垣間見ることができる。

結局、日本がネルーを理想化できたのも、日本と「南アジア」を隔てる距離によって、両者の間に現実の生々しい問題が生じる余地が少なかったからだという面は、否めないように思われる。

戦後初期の親近感から遠い国へと、「戦後、日本から最も遠くなった国」とも言われたインドだが、二一世紀に入って、再び日本の関心の内に入って来ている。小泉純一郎政権時にはアジアの地域統合をめぐって、中国がASEAN+3を唱えたのに対し、日本はそれにインド、オーストラリア、ニュージーランドを加えたASEAN+6を主張した。また、第一次安倍晋三政権や麻生太郎政権が提唱した「自由と繁栄の弧」は、「価値を共有する」インドに重点をおいたが、そこに中国に対抗する志向性を見出すのは容易である。すなわち、インドに対する近年の日本の関心は、中国台頭への対応策という色合いが強く、それは、「北東アジア」「東南アジア」に対する日本の関心によって、「南アジア」に対する関心が左右されるというパターンを、上書きしているように見えるのである。

†「政治的フロンティア」としての東南アジア

東南アジアが戦後日本にとって、経済的な関心の対象であったことは疑いない。一九五〇年代から日本では「東南アジア開発」が主要な関心事となるが、それは多分に、戦前の中国大陸との結びつきを断たれた日本に対して、市場と資源の供給先として東南アジアを結びつけ、アジアにおける反共陣営を強化するというアメリカの思惑に連動したものであった。

やがて本書第2章で扱ったように、日本は本来償いである戦争賠償を橋頭堡として、東南アジアに対する再進出を進めることになる。一九七〇年代に入ると、アメリカがベトナム、イギリスがシンガポールから、それぞれ軍事的に撤退する一方で、経済を中心とした日本の存在感が急速に増す。

そのことが田中角栄首相の東南アジア歴訪時における反日暴動(一九七四年)に繋がり、その対応策として福田ドクトリン(一九七七年)で、「心と心」が打ち出される。その後も今日に至るまで、日本と東南アジアとの経済的結びつきは増す一方である。

このような経済的関心・利害の深さと比べると、安全保障上の関心が相対的に希薄なのが、日本の東南アジアに対する関与の特徴である。戦後日本が東南アジアを重視した理由として、中東からの石油輸送路であり、死活的なシーレーンであるマラッカ海峡に対する関心が挙げられることもあるが、実際問題としてそこで日本ができることは限られていたし、日本にも自国が関与すべき問題だという認識は希薄であった。

また、長らく東南アジアにおける国際政治の焦点であったベトナム戦争の終結に際しても、宮澤喜一外相が、「日本は米国とは立場が異なり」、事態を「第三者的」に見ることができると述べたように、どこか「対岸の火事」という様相であった(宮城大蔵「米英のアジア撤退と日本」、波多野澄雄編著『冷戦変容期の日本外交』ミネルヴァ書房、二〇一三年)。

しかしながら、日本の東南アジアに対する安全保障上の関心が希薄であったということは、政治的関心も薄かったことを意味するわけではない。北東アジアが冷戦の分断線と戦争の傷跡によって、日本に対して閉ざされる中、戦後日本が外交地平の拡大を試みる対象は、まずもって東南アジアであった。

戦後日本外交の主要な構想や外交イニシアティブを挙げてみると、吉田政権期の「東南アジア開発」に始まり、岸信介政権下の東南アジア開発基金構想、佐藤栄作政権期の東南アジア閣僚開発会議、福田赳夫政権期の福田ドクトリンなど、圧倒的に東南アジアを舞台にしたものが多いことに気づかされる。

それは日本が経済的進出を足場として、東南アジアにおいて相当程度の存在感を持ったこと、そして、安全保障上の直接的な当事者ではないことから、さまざまな外交構想を「打ち上げてみる」ことが可能だったことが背景であろう。本章が、戦後日本にとって東南アジアが政治外交上の「フロンティア」であったと位置付ける理由である。

このような日本の東南アジア関与についての特徴は、次にみる、北東アジアに対する日本の慎重さと対比したとき、一層、鮮明になる。

†北東アジア――突出する安全保障上の関心

中国・台湾、そして朝鮮半島から成る北東アジアは、日本にとって、もちろん経済的に重要である。戦前の日本は朝鮮半島を併合して大陸に進出し、そこにブロック経済圏を築こうとして、最終的には帝国の滅亡に至った。また、日中間の政治的軋轢が目につく冷戦後においても、二〇〇〇年代半ば以降、日本にとって中国は、アメリカを抜いて最大の貿易相手国となっている。

このような経済的な利害、関心の深さは、東南アジアと共通したものであるが、それに加えて北東アジアに対する日本の関与で特徴的なのは、そこに、安全保障上のきわめて強い関心が加わることである。

地理的に隣接することを考えれば当然ともいえるが、一九六〇年に改定された現行の日米安保条約における「極東条項」（条約第六条）、沖縄返還に先立って佐藤首相が表明した「韓国条項」「台湾条項」（日本の安全にとって韓国の安全は緊要であり、台湾の安全は重要である）など、安全保障上の議論に登場するのは専《もっぱ》ら北東アジアであって、近年に至るまで、東南アジアはほぼ皆無であったといってよい。

とりわけ、日本の安全保障上の関心が強く注がれたのが朝鮮半島であった。朝鮮半島全域が共産化した際の脅威と、それを防ぐための韓国に対する援助の必要性を説く「釜山赤旗論」は、日本の保守陣営において、長らく力を持ってきた。一方、先述のサイゴン陥落の際、日本政府要人、それに日本の世論も、ベトナム統一を独立戦争の成就と捉え、歴史の必然と見なす傾向は顕著であった。

しかしそのとき、朝鮮半島ではベトナムにおける共産主義勢力の勝利に乗じる形で、北朝鮮の金日成が北京を訪れて中国首脳と会談し、韓国で革命的な動きが起きれば、これを傍観することはないとして、武力による朝鮮統一に乗り出す構えを示唆していた。

この時期の日本外務省内ではベトナム戦争終結について、「早晩起こるべきことが起こったということ」「北越が民族主義の旗印の下に強い共産主義の統制と規律をもって外国勢力を力によって排除することに成功したということであろう」といった、ややもすると第三者的な観察が交わされていた（外務省アジア局「アジア太平洋地域公館長会議討議要旨〔その二〕インドシナ関係」一九七五年七月一五日）。

しかし同じ会議にあっても、議題が朝鮮半島への波及の可能性となると、様相は一変する。「「釜山に赤旗が立った」場合わが国への影響は避けられないという（中略――引用者）認識が基調となって議論が展開された」「（日本）国内的には韓国が「赤化」すれば、日本にとって大変なことなんだという与論対策を、方法は困難かもしれないが、行う必要がある」といった意見が続出した（外務省アジア局「アジア太平洋地域公館長会議討議要旨〔その三〕朝鮮半島関係」一九七五年七月一七日）。そこにはベトナム戦争終結に対して見られたような、アジアの民族主義に対する理解・共鳴の気配は、ほぼ皆無といってよい。

歴史をさかのぼってみれば、明治維新後の日本にとって最初の本格的な外交論争は、朝鮮出兵をめぐる「征韓論」であり、その後の日清戦争、日露戦争も、実質的には朝鮮半島をめぐる清国、ロシアとの戦争であった。

冷戦後の二一世紀においても、朝鮮半島核危機や中国の台頭は、政府、世論を問わず日本の強い関心対象であり、北朝鮮と関係の深かった社会党の衰亡や、「平和主義」から力を前面に掲げる外交議論への傾斜など、北東アジア情勢は、日本国内の政治風景をも塗り替えるだけの影響力を持っているといえよう。東南アジアとの関係では見られない、日本と北東アジアとの関係の重みであり、特徴である。

†二一世紀中葉に向けて

本書のもとになったちくま新書版の刊行は二〇〇八年であるから、それから一〇年近くが経ったことになる。新書版では革命や脱植民地化のエネルギーが横溢する戦後前半期のアジアを、開発と経済成長という道筋によって「非政治化」することに、戦後日本のアジア関与の主軸があったと指摘し、それはアジアの「脱植民地化から開発へ」という歴史の潮流と符合するものであったと結論づけた。

そして、今後の展望を扱うエピローグにおいては、目覚ましい中国の台頭が波紋を広げる形で、安全保障面における潜在的な緊張関係と、その傍らで一層進む域内経済の一体化という、「政治のアジア」と「経済のアジア」とのズレが生じていること、このズレの行方が、今後のアジア秩序を展望する際の鍵であることを論じた。

一〇年余り後の今日、「政治のアジア」と「経済のアジア」の間のズレ、そのズレを管理することが重要だという見取り図は、依然として有効だと考えている。一方で、この間の大きな変化は、中国のより一層の台頭である。

二〇〇八年の時点では、ドル換算で日本の経済規模は若干、中国を上回っていたが、二〇一六年には、中国は日本の二倍以上に達している。この間の円安傾向を考慮しても、少なくとも経済規模の面では、中国は日本を大きく上回るようになった。

それだけであれば、中国市場の拡大等、日本にとっても歓迎すべきことであろう。しかし前節で論じたように、日本にとって中国が枢要を占める北東アジアは、経済と並んで安全保障上の関心がきわめて高い地域である。冷戦後における中国の台頭は、安全保障面における日本の潜在的警戒心を呼び起こす要素であったが、それを決定的に高めたのが、尖閣国有化後の日中間の緊張激化であろう。

二〇一二年九月に野田佳彦政権が下した尖閣国有化の決定に対して、中国は猛烈に抗議し、その後、連日のように尖閣周辺に公船を投入し、尖閣諸島が中国領であることをアピールするようになった。

これと連動して、日本では南シナ海における中国の海洋進出に対しても、にわかに関心が高まった。南シナ海、南沙諸島における中国の島嶼埋め立ては、この時期から日本でも日々トップニュースの扱いとなった(ちなみに付言しておけば、埋め立ての規模とスピードで中国が突出しているものの、ベトナム等も同様に埋め立てを行っている)。

このような近年における展開は、「政治のアジア」と「経済のアジア」、両者のズレという本章の見立てに、どのように影響するであろうか。

振り返ってみれば、冷戦後日本外交の二本柱は、安全保障面における施策拡充と、東アジアを舞台とした地域主義であった（宮城大蔵『現代日本外交史』中公新書、二〇一六）。この二本柱は、一見、相互に相容れないかに見えるかもしれないが、安全保障面における緊張の高まりを、経済的利益の相互拡大を志向する地域主義によって緩和するという面もあった。

その意味でこの二本柱は、「政治のアジア」と「経済のアジア」のズレを断裂に至らせないための機能を有していたともいえる。

しかし、「東アジア共同体」を掲げた鳩山由紀夫政権の迷走や、尖閣国有化後の中国との緊張激化の結果、東アジア地域主義は日本においてはすっかり求心力を失った。鳩山首相が提起した「東アジア共同体」に対する否定的な印象が根強い昨今だが、同様の構想を小泉首相、福田康夫首相も唱えており、それが冷戦後日本外交の重要な文脈だったことを、忘れるべきではない。

その一方で、安全保障面における対中警戒感と相まって、第一次安倍晋三政権や麻生太郎政権が掲げた「自由と繁栄の弧」のような、対中包囲網の色合いが濃い外交構想も現れた。

しかし、日本の中国に対する対抗心、警戒感の根底に領土問題と歴史問題があるのであれば、それはともに、他国には共有されないものであることに注意しなくてはならない。

例えば、尖閣や靖国神社をめぐる問題は、アメリカにとって自国の問題ではなく、また、米中間には日中間のような領土問題も歴史問題も存在しない。日本政府の求めに応じて米政府は、尖閣に対する安保条約の適用に言及するが、領有権については中立的立場を崩さない。

日本が中国に対する対抗色の強い外交に過度にのめり込めば、アメリカが自国の利害を優先して中国と手を結び、日本の頭越しの米中接近という「第二のニクソン・ショック」が起きないとも限らない。

日本にとってアメリカは同盟国であり、日米安保は安全保障上の要である。同時に中国は最大の貿易相手国である。「政治のアジア」の潜在的緊張が火を噴き、「経済のアジア」の果実が失われることは、誰のためにもならない。

かつて、「海のアジア」で生まれた開発と経済成長の波は、中国においても「改革開放」を引き起こし、現代アジアの姿を形作った。

二一世紀にあって、アジアにおける二大国家である日本と中国との緊張関係、対抗関係が、東南アジアから南アジアにまで波及するとしたら、本書の本論が辿った「海のアジアの戦後史」とは、地理的にも、内容からしても、逆方向の歴史の流れだとも見える。

やはり、「政治のアジア」と「経済のアジア」とのズレを慎重かつ丁寧に管理することが、アジア国際秩序の要諦なのである。その基本軸を念頭に、二一世紀中葉に向けた日本のアジア政策は進められるべきであろう。

戦後日本はその多くの時期において、現在と比べてはるかに厳しい環境におかれてきた。戦後初期においては敗戦国であり、経済的にも貧しく、国連をはじめとする国際社会への復帰にも苦労を重ねた。

それでも日本は、アジア秩序の変化の胎動に耳をそばだて、基本的には戦後アジアの歴史の潮流を見誤らなかったのであり、それがゆえに日本自身の繁栄を築くことができた。その種の試みと模索の二一世紀版は、いかなる形をとるのであろうか。その成否が、おそらくは相当程度、日本の行く末を左右するであろう。

本書は二〇〇八年六月、「ちくま新書」の一冊として刊行された。
文庫化に際しては加筆訂正して改題し、「補論」を増補した。

ちくま学芸文庫

増補《ぞうほ》 海洋国家日本《かいようこっかにっぽん》の戦後史《せんごし》
アジア変貌《へんぼう》の軌跡《きせき》を読《よ》み解《と》く

二〇一七年八月十日 第一刷発行

著 者 宮城大蔵（みやぎ・たいぞう）
発行者 山野浩一
発行所 株式会社 筑摩書房
東京都台東区蔵前二—五—三 〒一一一—八七五五
振替〇〇一六〇—八—四一二三
装幀者 安野光雅
印刷所 株式会社精興社
製本所 株式会社積信堂
乱丁・落丁本の場合は、左記宛にご送付下さい。
送料小社負担でお取り替えいたします。
ご注文・お問い合わせも左記へお願いします。
筑摩書房サービスセンター
埼玉県さいたま市北区櫛引町二—六〇四 〒三三一—八五〇七
電話番号 〇四八—六五一—〇〇五三

ISBN978-4-480-09816-0 C0121